南京大学六朝研究所书系·戊种公共史学·第叁号

南 京 大 学 六 朝 研 究 所　主编

王 谢 风 流

乌衣巷口夕阳斜

白　雁　著

南京大学出版社

图书在版编目(CIP)数据

王谢风流：乌衣巷口夕阳斜 / 白雁著. —— 南京：
南京大学出版社，2023.6
(南京大学六朝研究所书系. 戊种公共史学. 第叁号)
ISBN 978 - 7 - 305 - 25889 - 3

Ⅰ. ①王… Ⅱ. ①白… Ⅲ. ①中国历史－六朝时代－
通俗读物 Ⅳ. ①K237

中国版本图书馆 CIP 数据核字(2022)第 108582 号

出版发行　南京大学出版社
社　　址　南京市汉口路 22 号　　　　邮　编　210093
出 版 人　金鑫荣
丛 书 名　南京大学六朝研究所书系·戊种公共史学·第叁号
书　　名　王谢风流：乌衣巷口夕阳斜
著　　者　白　雁
责任编辑　黄　睿
审读编辑　高　军

照　　排　南京南琳图文制作有限公司
印　　刷　南京鸿图印务有限公司
开　　本　718 mm×1000 mm　1/16　印张 11.75　字数 160 千
版　　次　2023 年 6 月第 1 版　2023 年 6 月第 1 次印刷
ISBN 978 - 7 - 305 - 25889 - 3
定　　价　46.00 元

网址：http://www.njupco.com
官方微博：http://weibo.com/njupco
官方微信号：njupress
销售咨询热线：(025) 83594756

总　序

一

　　晃晃悠悠的节奏、断断续续的过程,也许"万事开头难"吧,从 2017 年 3 月 14 日"南京大学六朝研究所成立仪式暨学术座谈会"召开、计划出版系列图书至今,竟然已经三年又八个月过去了,具有"标志"意义的南京大学出版社版"南京大学六朝研究所书系"首批四册,终于即将推出,它们是:

　　刘淑芬著《六朝的城市与社会》(增订本),"甲种专著"第叁号;

　　张学锋编《"都城圈"与"都城圈社会"研究文集——以六朝建康为中心》,"乙种论集"第壹号;

　　[美]戚安道(Andrew Chittick)著,毕云译《中古中国的荫护与社群:公元 400—600 年的襄阳城》,"丙种译丛"第壹号;

　　[德]安然(Annette Kieser)著,周胤等译《从文物考古透视六朝社会》,"丙种译丛"第贰号。

　　既然是"首批四册",如何"甲种专著"却编为"第叁号"呢? 这缘于此前"书系"已经出版了以下数种:

　　胡阿祥著《东晋南朝侨州郡县与侨流人口研究》(修订本),江苏人民出版社 2019 年 10 月版,"甲种专著"第壹号;

　　吴桂兵著《中古丧葬礼俗中佛教因素演进的考古学研究》,科学出版社 2019 年 12 月版,"甲种专著"第贰号;

　　[唐]许嵩撰,张学锋、陆帅整理《建康实录》,南京出版社 2019 年

10 月版，"丁种资料"第壹号；

胡阿祥著《"胡"说六朝》，江苏人民出版社 2019 年 6 月版，"戊种公共史学"第壹号；

胡阿祥、王景福著《谢朓传》，凤凰出版社 2019 年 12 月版，"戊种公共史学"第贰号。

据上所陈，"南京大学六朝研究所书系"的总体设计，应该就可以了然。

首先，"书系"包含五个系列，即甲种专著、乙种论集、丙种译丛、丁种资料、戊种公共史学，这显示了我们对六朝历史之基础研究与应用研究的全面关注、对话学界之"学院"史学与面向社会之"公共史学"的兼容并包。

其次，"书系"出版采取"1＋N"模式，"1"为南京大学出版社，"N"为其他出版社，"1"为主，"N"为辅，但仍按出版时序进行统一编号。所以如此处理，自然不在追求"差异美"，而是随顺作者、译者、编者的意愿和其他各别复杂情形。

再次，"书系"虽以"南京大学六朝研究所书系"冠名，但只是冠名而已，我们会热忱邀约和真诚接受所内外、校内外、国内外的书稿，并尽遴选、评审、建议乃至修改之责。

要之，五个系列的齐头并进、出版单位的灵活安排、书稿来源的不拘内外，这样有异寻常的总体设计，又都服务于我们的相关中期乃至远期目标：通过若干年的努力，使学界同仁共襄盛举的"南京大学六朝研究所书系"渐具规模、形成特色、产生影响，而"南京大学六朝研究所"也因之成为学界同仁信任、首肯乃至赞誉的研究机构。如此，庶不辜负我们回望如梦的六朝时代、我们生活的坚韧而光荣的华夏正统古都南京、我们工作的诚朴雄伟励学敦行的南京大学、我们钟情的昌明国粹融化新知的南京大学历史学院。

二

南京大学历史学院有着厚实的六朝研究传统。蒋赞初、孟昭庚等老一辈学者宏基初奠,如蒋赞初教授开创的六朝考古领域,在学界独树一帜,若孟昭庚教授从事的六朝文献整理,在学界备受赞誉;近20多年来,张学锋、贺云翱、吴桂兵、杨晓春等中年学者开拓创新,又形成了六朝人文地理、东亚关系、都城考古、墓葬考古、佛教考古等特色方向。推而广之,南京大学文学院程章灿之石刻文献研究、赵益之知识信仰研究、童岭之思想文化研究,南京大学地理与海洋科学学院陈刚之建康空间研究,皆已卓然成家;又卞孝萱师创办的"江苏省六朝史研究会",已历半个多甲子,一批"后浪"张罗的"六朝历史与考古青年学者交流会",近期将举办第七回,本人任馆长的六朝博物馆,成为六朝古都南京的璀璨"地标",南京市考古研究院、南京师范大学、南京晓庄学院等,也都汇聚起不弱的六朝研究力量。凡此种种,既有意或无意中彰显了学者个人之"文章合为时而著,歌诗合为事而作"的"义理"追求,也主动或被动地应了现实社会对历史记忆、文化遗产等的"经济"(经世济用)需求。

对现实社会之"经济"需求而言,就南方论,就江苏论,就南京论,六朝时代既是整体变迁过程中客观存在的一环,又是特别关键、相当荣耀的一环。以秦岭—淮河为大致分界的中国南方,经过六朝时代,经济开发出来了,文化发展起来了;跨江越淮带海的江苏,唤醒历史记忆,弘扬文化遗产,同样无法绕过六朝时代;而南京之所以能够成为中国第四大古都、中国南方第一的古都,也主要是因为六朝在此建都。

六朝的意义当然绝不仅此。举其"义理"之荦荦大者,以言孙吴,经过孙吴一朝的民族融合、交通开辟、政区设置,南中国进入了中国历史的主舞台,并引领了此后北方有乱、避难南方的历史趋势,比如东晋、南朝、南宋皆如此;以言东晋南朝,当中国北方陷入十六国大乱,正是晋朝在南方的重建及其后宋、齐、梁、陈较为平稳的递嬗,才使传统华夏文明在南方得以保存与延续、发展并丰富,这样薪火相传、"凤凰涅槃"的南方华夏文明,又给北方的十六国北朝之"汉化"或"本土化"的演进,提供了鲜活的"样本"、完整的"模范",其结果便是南与北交融、胡与汉融铸而成的辉煌灿烂的隋唐文明,特别是其中的精英文化;再言虽然分隔为孙吴、东晋南朝两段而诸多方面仍一以贯之的六朝,就颇有学者把包括六朝在内的汉晋文化与罗马文化并列为世界古代文明的两大中心,这又无疑显示了六朝文化在世界史上的超凡地位。

　　然则围绕着这样的"义理"与"经济",笔者起 2004 年至 2018 年,为《南京晓庄学院学报》"六朝研究"专栏写下了 50 篇回旋往复甚至有些啰唆的"主持人语",这些"主持人语",现已结集在"南京大学六朝研究所书系"最先问世的《"胡"说六朝》中;至于"南京大学六朝研究所书系"过去近四年的"万事开头难"、今后若干年的"不忘初心,而必果本愿",我们也就自我定位为伟哉斯业,准备着无怨无悔地奉献心力了……

南京大学六朝研究所所长　胡阿祥

2020 年 11 月 16 日

序

——想今年雁子，依然认得，王谢风流

2021年底，我在给杨洪俊博士的《他者之镜：日本人笔下的清末上海·南京·武汉》献序时，已经预告了一回白雁的这部《王谢风流：乌衣巷口夕阳斜》；一年又三个月过去了，这部篇幅不大的作品终于定稿。翻阅一过，我想与读者诸君分享的感觉是：书名很亲切，内容很有趣，写法很特别，堪称一部蛮好看的"公共史学"作品。

如何书名很亲切？身在"世界文学之都"南京的男女老幼，以及不在南京的士农工商、渔樵耕读，大概无人不知"朱雀桥边野草花，乌衣巷口夕阳斜。旧时王谢堂前燕，飞入寻常百姓家"这首诗吧。虽然我常"掉书袋"地在不少场合考证中唐"诗豪"刘禹锡在写这首《乌衣巷》时，还从没到访过南京，但《乌衣巷》可当南京历史的画龙点睛之笔，堪称"金陵怀古"的文学典范之作，自是没有疑义。而白雁的这部作品，既取此诗为"引子"的引子，又取此诗的诗意与诗句为书名，则诚可谓"想今年'雁'子，依然认得，王谢风流"了，一笑……

如何内容很有趣？白雁书名中的"风流"一词乃是关键，这关键的"风流"一词又特指六朝名士的"人格"之美，诸如自由的精神、脱俗的言行、超逸的风度，它们如同"风"一样"流"着，风靡社会，流韵后世，令人景仰；而其中的"王谢风流"，又是"风流名士"的楷模。如琅琊王氏，王导拥有"风流百代，于是乎在"的美誉，王羲之、王献之父子更属"风流为一时之冠"；又陈郡谢氏，"江左风流宰相，唯有谢安"，谢道韫"神情散朗"，亦富"雅人深致"。进而言之，如我早年的统计，在两晋南朝的重要

"郡姓"中,琅琊王氏、陈郡谢氏的出人数量,既排名前两位;"暨陈之末,诸谢渐微,唐代无入相者",中唐以后,琅琊王氏的族望也是急速下降、趋于没落。然则这样的"王谢堂"到"百姓家"的升降与盛凋,不仅读来有趣,抑且发人深思吧!

如何写法很特别?我所感觉的"写法很特别",是相对于学院派经典而言的。比如田余庆先生的大著《东晋门阀政治》,"释'王与马共天下'""陈郡谢氏与淝水之战"两篇,即是本书内容探赜索隐的学术表达;又如萧华荣先生的《华丽家族:两晋南朝陈郡谢氏传奇》《簪缨世家:两晋南朝琅邪王氏传奇》两书,更是本书内容曲折逶迤的历史叙述。而不同于田著"纪事本末"式的鞭辟入里、萧著"谱牒世系"式的全面细致,白雁的这部作品,可谓致敬《世说新语》、追慕"风流宝鉴"的"人物小传"的写法,其选人的"知名度高、美誉度高、成就高的'三高'标准",类型多样但"尽得风流"的五"王"与五"谢"十位代表人物,"不在写其全貌"而在"找出其最显著的特点""从细节着手重塑人物形象,并尽可能给予人物以当代人视角的观照"云云,共同决定了这部"一心奔着大众传播的小书",读者诸君定会"喜闻乐见"。

因为书名很亲切、内容很有趣、写法很特别,所以我把这部蛮好看的《王谢风流:乌衣巷口夕阳斜》收入了"南京大学六朝研究所书系",也算是为该书系增添了一册名副其实的"公共史学"优秀作品吧,毕竟立足于整个的中国历史,数风流人物,还看六朝,而数六朝人物,还看王谢!

胡阿祥

2023 年 3 月 14 日

写于句容宝华山麓

目　录

引 子

朱雀桥边野草花,乌衣巷口夕阳斜。

旧时王谢堂前燕,飞入寻常百姓家。

（［唐］刘禹锡《乌衣巷》）

一千多年来,中唐诗人刘禹锡的《乌衣巷》一诗广为流传,诗中提及的乌衣巷、朱雀桥,因为诗人的书写,成为最优美婉约的文学意象,也成为最意蕴丰富的历史典故。乌衣巷,位于南京秦淮河南岸,东晋、南朝时期,是王谢家族聚居的地方。王,指琅琊王氏;谢,指陈郡谢氏;王谢合称,是显赫世家大族的代名词。

两晋至南朝,是中国门阀士族制度最为鼎盛的时代,世家大族出身的高门子弟是历史的主角,他们的政治活动和精神活动代表着时代的主流。琅琊王氏和陈郡谢氏,自西晋永嘉之乱后,从北方南迁至建康,后因王谢两家之王导、谢安及其家族后继者们于江左五朝(东晋、宋、齐、梁、陈)的功业卓著、仕宦显达、文采风流而青史垂名,成就了后世无法企及的家族传奇。王谢家族内部支系庞杂,各个分支自有升降浮沉,但自南渡以来相当长的时期内,家族地位与实力在才能出众者的用心经营下,始终能够得以承继、维系,并成为皇室的有力倚仗,甚至共同左右时局的走向与发展。

隋开皇九年(589),晋王杨广率兵进入建康城,占据台城,俘虏了南陈最后一个皇帝陈叔宝。自此,从孙吴时代起维系了约330年的六朝(孙吴、东晋、宋、齐、梁、陈)偏安江左的历史局面结束,隋唐大一统的盛世正式开启。

隋平陈后，隋文帝杨坚下令将六朝都城建康夷为平地，变成耕田，秦淮河边以王谢故居为代表的世家大族旧居，也被损毁殆尽，王谢家族荣耀归于传说。刘禹锡诗中"旧时王谢堂前燕，飞入寻常百姓家"正是对这一景象的描述。

与六朝的消亡逆向而行的是，以文学、书法、绘画、音乐等为代表的六朝文化艺术，被带入隋唐，并被传承发展绵延至今，成为中华文明中最为浓墨重彩的部分。而作为六朝时期最显赫的家族，王谢家族之中的佼佼者，既是文化艺术的传承者，也是有力的创造者与传播者。

谈六朝，不可不谈王谢；理解南京的沧桑厚重，不可不谈王谢。刘禹锡《乌衣巷》诗，以高度凝练的二十八个字书写六朝沧桑，是以有尽展示无尽的典范，同时也给后人留下了巨大的想象空间。

本书缘起于"江苏文脉"微信公众号，最初成稿的一篇为《老好人王导：东晋王朝的幕后导演》，目的是以历史科普的形式向读者介绍刘禹锡《乌衣巷》诗中所涉以王谢家族为代表的六朝世家大族及其风流往事，因考虑微信网友阅读习惯，最初成文只有3 000字。成稿的第二篇为《乡巴佬王敦：一步错棋毁半世功勋》，因同样的原因，成稿时的文字也只有3 000字余。在写作这两篇人物小传时，产生了从王谢家族中选取若干位名人，为其写小传，攒成一本小书的想法。

琅琊王氏、陈郡谢氏人才众多，当如何进行取舍？本着其人知名度高、美誉度高、成就高的"三高"标准，最终选定琅琊王氏的五位代表人物——王导、王敦、王羲之、王献之、王徽之，陈郡谢氏的五位代表人物——谢安、谢玄、谢道韫、谢灵运、谢朓，以十位人物为着眼点，将最初两篇加起来不足7 000字的人物小传扩展成了这本十万字的小书。

书中所写每一位人物，意不在写其全貌，而是通过对典籍史料的爬梳，找出其最显著的特点，从细节着手重塑人物形象，并尽可能给予人物以当代人视角的观照。为有助于今天的读者理解历史人物，书中对人物所置身的时代大背景多有交代，对六朝时期的政治、军事、文化、艺术、经济等方方面面均加以介绍，力求呈现给读者一本不架空、不戏说的历史通俗读物。写作所用典籍，使用了余嘉锡先生《世说新语笺疏》（中华书局，2007年）、朱碧莲先生《世说新语详解》（上海古籍出版社，2013年），其余如《宋书》《南齐书》《梁书》《晋书》《南史》等一律使用中华书局版本。为便于有兴趣的读者进一步深入阅读，书中所引历史典籍原文均注明出处。

我是中文系出身，二十余年前师从南京大学文学院的刘俊教授学习中国现当代文学，毕业后进入现代快报社工作。其时，恰逢公共史学蓬勃之际，报纸有意识地开辟了若干历史科普的栏目，我因此与南京地方历史文化结缘，后来更有机会入南京大学历史学院胡阿祥教授门下学习中国古代史。胡阿祥教授是当代较早进入公共史学领域的学院派学者，他认可史学的经世之用，也赞同学生从事公共史学相关的工作，正是因为如此，我这个从事历史文化普及工作的媒体人，才有幸得入胡门。

在我跟随胡阿祥教授读书之际，2017年底，为对"江苏文脉整理与研究工程"进行通俗化传播，"江苏文脉"微信公众号启动运营，我因为兼有文、史、新闻三种学科背景而被认为是合适的运维人员，就此进入公众号运营团队。《王谢风流：乌衣巷口夕阳斜》里所收文章，至少有四篇脱胎于"江苏文脉"微信公众号的推文。

写作之初，本着网络传播的效果导向，我全面借鉴网文特点，走的是轻松活泼的风格。犹记得《风流宰相谢安：一盘棋决胜千里之外》，在最初进行网络传播时，所用标题为《这位高质量南京男性，为何特别怕老婆》，《多情王献之，至死不忘心头白月光》原标题为《桃叶渡的浪漫，王献之不懂》。因为跟当下热点有所结合，也讲究趣味性，两篇文章进行网络发布后颇受欢迎，竟然进入门户网站同城热搜排行榜。

从网文扩展到纸质书，仰赖导师胡阿祥教授的帮助和支持。由于小书定位是历史普及性质的大众读物，非学术著作，因此在写作中依旧不避网络用词、不避俗字俗语,老师对我这种插科打诨的写法并不尽赞同,但一听我打出"公共史学"的旗帜,枚举我从一个媒体人角度理解的传播理念,他便不复多言。只叮嘱一条:学术规范,这是底线。

于是,这本按照学术规范做了修订,却一心奔着大众传播的小书问世了。唯愿读者乐见。

一、老好人王导：东晋王朝的幕后导演

刘禹锡《乌衣巷》一诗道尽六朝风流。诗中的"王"，指琅琊王氏家族。东晋有"王与马，共天下"之说。这里的王，便是指琅琊王氏；马，则是指晋皇室司马氏。在东晋琅琊王氏中，最为显赫的人物当属王导，因此"旧时王谢堂前燕"中的王，也常常被指为王导。

那么，历史上真实的王导，究竟是个什么样的人，何以能成为一个家族甚至王朝的代言人？

01

"此儿容貌志气，将相之器也。"

据《晋书》卷六十五《王导传》记载，这是王导十四岁时收获的评价。用今天的话说，这孩子是出将入相的料。彼时的王导还是个孩子，尚未正式亮相京都洛阳的社交圈。他只是跟着堂兄王衍、王敦等人四处走走，做入场前的培训。

这位给王导相面的高士，是陈留的张公。高士，指高尚出俗之士。虽然他们常常隐在世外，但曾经在江湖或庙堂里历练过的他们，见过大风浪，更见过大世面，有一双机敏善辩的慧眼。

王导出身琅琊王氏，他的高祖王仁曾做过东汉的青州刺史；曾祖王融避乱归隐，没有出仕；祖父王览是西晋司马氏集团政治上的重要人物，被封为子爵。王览的哥哥王祥，更是曹魏和西晋的重臣，曾被拜为太保。从王祥、王览开始，琅琊王氏人才辈出，越来越显赫。祖宗荫庇，加上王导风流倜傥,所以人见人爱,史书夸他"少有风鉴,识量清远"①。而且,身为长房长孙,注定要继承世袭爵位。以爵位入官位,十拿九稳。

但是,出将入相,仅靠家世和才华是远远不够的。温文尔雅的少年王导,一时半会儿没搭上飞黄腾达的快车。战乱倒是赶上了。西晋元康元年(291)春,楚王司马玮率兵进入洛阳,八王之乱拉开序幕。自此,晋皇室兄弟子侄同室操戈,血雨腥风持续16年。

乱世之中,王导小心翼翼,一步不敢走错。他先是做了一个小官,官名叫东阁祭酒,这是个吃闲饭的职务。后来王导又被征辟为秘书郎、太子舍人、尚书郎,但他都坚决拒绝了。他不想被随随便便安排。他背负着家族的利益,更想挽救已然倾颓的晋王朝。

王导看好一个年轻人,他们年龄相仿,脾性相近,志趣相投。那个年轻人叫司马睿,是晋皇室的宗室子弟,也是王导的领主。王家的世袭封地即丘,就在琅琊王司马睿的琅琊郡内。

司马睿少年早熟。15岁时父亲去世,他继承了琅琊王位。也就是在这一年,西晋开国皇帝晋武帝司马炎去世。继立的司马衷愚鲁迟钝,无力驾驭政局。一尊宝座,众皆垂涎,八王之乱由此而起。在动荡险恶的政治环境中,处于皇室旁系的司马睿努力表现得恭俭退让,以防惹祸上身。出身决定命运,虽然手中无兵无权,但是他不得不披挂上阵,参与讨伐。作战失利,几乎丧命。

俗话说:"落魄的凤凰不如鸡。"天不绝司马睿!在皇室的纷争动乱之中,司马睿被迫站队,靠上了实力雄厚的东海王司马越这棵大树,侥幸得拜安东将军、都督扬州诸军事,算是攀上了一个台阶。

八王之乱后期,司马越在先后击败长沙王司马乂、成都王司马颖、河间王司马颙等诸王的势力之后,成为西晋政权的真正掌控者,而受他信任的太尉王衍,正是王导的堂兄。因为这层关系,王导与司马睿的联

---

① [唐]房玄龄等:《晋书》卷六十五《王导传》,中华书局,1974年,第1745页。

盟也更加紧密。

　　王导一路追随司马睿，从少年追成了中年，两个小心翼翼的人，谋划着自己的命运，更谋划着江山社稷。

　　小心解决不了问题。刚刚从八王之乱中侥幸存活，北方的少数民族又来了。你未唱罢，我已登场。曾经沃野千里的中原，遍地焦土。

　　在哪里可以暂时休养生息，图谋复兴？三十岁的王导明智地决定，离开已然破碎的中原，另觅龙兴之地。司马睿，就是王导要全力辅佐的那条龙。

　　西晋永嘉元年(307)，在王导的多次劝告之下，司马睿离开京都洛阳，出镇长江南岸的建康。王导也跟随司马睿渡江，并且在江南一待就是32年，直至老死。

　　西晋建兴四年(316)，长安失守，西晋灭亡。次年，在王导等人拥立下，司马睿重建晋廷，定都建康，史称东晋。司马睿对王导信用有加，曾当面赞誉他：“卿，吾之萧何也。”①萧何辅佐刘邦起义，是汉朝的开国元勋，厥功至伟。西汉建立后，萧何得拜相国，史称“萧相国”，册封酂侯，名列功臣第一。司马睿以萧何喻王导，足见对他功绩的高度认可。

　　与王导同朝的朝臣也十分敬慕王导，后来成为东晋重臣的桓彝，在刚刚南渡至建康时，见司马睿政权力量微弱，对前途命运深感忧虑。但当他见到王导并与他谈话后，立刻振作了起来，并对别人说：“向见管夷吾，无复忧矣。”②

　　同为南渡士族的温峤，与桓彝有类似的经历，他同样以“江左自有管夷吾，吾复何虑”③来称赞王导。

　　管夷吾即管仲，春秋时期著名的经济学家、哲学家、政治家、军事家，正是在他的全力辅佐下，齐桓公成为春秋五霸之首。管仲对内大兴

---

　　① 《晋书》卷六十五《王导传》，第1746页。
　　② 《晋书》卷六十五《王导传》，第1747页。
　　③ 《晋书》卷六十七《温峤传》，第1786页。

改革、富国强兵,对外尊王攘夷、九合诸侯、一匡天下,被尊称为"仲父"。

被比作萧何与管仲的王导,在东晋王朝出将入相,获得了至高无上的权力和地位。

有两件事,可以非常生动地说明王导的地位之高、权力之大。

第一件事,是在东晋开国皇帝司马睿登基时。据史书记载,"及帝登尊号,百官陪列,命导升御床共坐"①。在登基仪式上,皇帝司马睿当着百官的面,请王导和他一起坐上宝座,君临天下。王导坚决不肯,司马睿一而再,再而三。王导被逼无奈,讲了一通君君臣臣的道理,司马睿这才作罢。

第二件事,是在王导去世时。王导还是那个王导,但是宝座上的皇帝,已经是东晋的第三位皇帝,也就是司马睿的孙子司马衍了。司马衍下旨举朝哀悼三天,按照王侯的葬礼规格安葬王导,并且以后按照太牢的标准祭祀。太牢,就是帝王的祭祀标准,是最高规格。

从位极人臣到配享太牢,王导的地位无人撼动。

02

王导究竟做了什么？翻看史书,令人略感失望的是,王导的事迹零零碎碎,既罕见运筹帷幄指挥若定,也缺乏呕心沥血批阅公文。他的所作所为,更像是一位庸官,或者说是一位热衷于营造和谐气氛的老好人。

比如,王导出任扬州刺史后,举办了一个高规格的宴会。宾客来了上百人,都是地方上的要员,大家在一起说说笑笑,兴致很高。但是有一位从临海来的姓任的客人,还有一些胡人,看上去落落寡欢。王导发现后走到那位任姓客人面前,说:"在临海这个地方,您要说自己是第

---

①　《晋书》卷六十五《王导传》,第 1749 页。

二，就没人敢说自己是第一。"（君出，临海便无复人。①）客人听到这话，乐开了花。王导又走到那些胡人面前，弹着手指说："兰阇！兰阇！"弹指是胡人的一种风俗，表示欢喜、赞叹、问候，"兰阇"则是胡人见面时的问候语，有赞美致敬的意味。高鼻子深眼窝的胡人，听到王导这话，都呵呵地笑了起来，气氛一下子变得很融洽。

王导爱学"外语"，更爱学方言。从北方来的他，原本操着一口洛阳话，相当于今天的"京腔"，但王导对吴地的方言更感兴趣。有一年盛夏，名士刘惔来拜会王导，他久闻王导大名，来之前就在心里想象了很多遍王导的样子。到了王家，眼前的一幕却让他有点吃惊。只见朝廷的高级干部王导，正光着肚皮在玉石棋盘上蹭来蹭去，嘴里还嚷嚷着"何乃渹"②！"何乃渹"是吴地的方言，意思是真凉快啊！

王导不仅没有官样，也没有职场前辈的样子。《晋书》卷八十三《顾和传》记载了他和顾和的一段交往趣事。有一次，顾和来拜访王导。可是王导突然困得睁不开眼，当着客人的面就睡着了。王大人的举动，让顾和着实为难。好在顾和是个聪明人，他随即和旁边坐着的人聊了起来："我以前常常听听族叔顾荣夸赞王大人，说王大人协助当今皇上保全了江东。现在大人身体不适，真是让人着急啊。"（昔每闻族叔元公道公叶赞中宗，保全江表。体小不安，令人喘息。③）顾和这番体贴话，王导迷迷糊糊中听到了，赶紧睁开眼，把顾和狠夸一通。

王导的日常状态，要么迷迷糊糊，要么和和气气。还有一次，何充来见王导，面对比自己大 16 岁的高官，何充心里很紧张，站得端端正正。王导笑眯眯拿起麈尾招呼何充坐下，嘴里连声殷勤招呼："来！来！此是君坐。"④

---

① ［南朝宋］刘义庆著，［南朝梁］刘孝标注，余嘉锡笺疏，周祖谟、余淑宜、周士琦整理：《世说新语笺疏》，第 2 版，中华书局，2007 年，第 208 页。
② 《世说新语笺疏》，第 930 页。
③ 《晋书》卷八十三《顾和传》，第 2163 页。
④ 《世说新语笺疏》，第 540 页。

对于比自己小 30 多岁、孙子辈的太原王氏王濛，王导也不惜放低姿态去夸："这孩子深入玄理，犹如清澈的深水，比我强得多。"（入理泓然，我已上人。①）

王导就是这么随和。他出身世家大族，身份显贵，和他一起南渡而来的北方贵族，往往看不起南方的本地士族，但王大叔不仅爱学吴地的方言，还总想跟吴地的人联姻。比如，他找到江南世家大族的陆玩，向人家提亲。陆玩慢条斯理地回答："培塿无松柏，薰莸不同器。玩虽不才，义不为乱伦之始。"②听上去文绉绉，其实是连挖苦带讽刺：才不要跟你们这些北佬儿瞎搞！

陆玩虽然不给面子，但是王导不生气，仍旧笑眯眯的，以和为贵。

东海太守王承的儿子王述，小时候呆头呆脑，一度被人认为是傻子，但王导召他来做自己的属官。王导带着僚属们开会，王导一发完言，下面马屁声响成一片。王述坐在末座，说："您又不是尧、舜，怎么可能事事都对呢？"（主非尧、舜，何得事事皆是！③）这话虽不中听，但是王导"甚相叹赏"，认为王述说得很好。

王导的官架子小，这可能不算是太坏的事。但衡量一位朝廷大员，最主要的标准是政绩，在其位则谋其政。而王导的问题很严重——他对本职工作不大上心。他自己看文件常常丢三落四，也不提倡下属认真工作。对于和他官职相当的人，他也总劝人家，不要那么累死累活地工作，世界上的工作是干不完的，"可小简之"④，抓大放小，差不多就行啦。

最出格的是，王导甚至把处理文件的事交给自己宠信的小妾雷氏。于是，有人为了巴结王导，就偷偷地给雷氏送钱财，司徒蔡谟一向看王导不顺眼，背地里还给雷氏送了个绰号，叫"雷尚书"。

---

① 《世说新语笺疏》，第 526 页。
② 《世说新语笺疏》，第 362 页。
③ 《世说新语笺疏》，第 541 页。
④ 《世说新语笺疏》，第 210 页。

对于这样的王导,后世毁誉参半。清代史学家王鸣盛,就很瞧不上王导,"看似煌煌一代名臣,其实乃并无一事,徒有门阀显荣,子孙官秩而已"①。他认为王导平庸无能、碌碌无为,根本配不上名臣的美誉。

宋代奇女子李清照,却对王导推重有加,她说:"南渡衣冠欠王导,北来消息少刘琨。"②李清照生活的时代,金兵攻破北宋京都,探囊取物般掳走徽宗、钦宗二帝。铁骑又一次踏遍中原,国土沦丧,百姓流离失所。李清照被迫跟随宋室南迁,狼藉飘零的她,看不到朝廷的复国之心,倍感痛心。李清照提到的刘琨,是与祖逖齐名的晋代名将。她多么希望有王导和刘琨那样的人物,能够收拾起离散的人心,北望中原,克复神州。

03

克复神州,是王导毕生行动的最高纲领。成语"新亭对泣",就与它有关。

东晋初年,跟随司马睿南渡而来的中原人士,每遇到风和日丽的好天气,就相约来到新亭聚会。灵魂人物王导,当然也是要来的,和大家一起坐在草地上喝酒聊天。新亭位于建康城西南的长江边上,风景秀丽。本来是高高兴兴地喝酒观景,但有的人由眼前的美景,想到了中原故国的美景,又想到故国已经被异族占领,不由得悲从中来。

先是武城侯周颛心里难受,叹息感慨风景虽然美好但是故国已不存。周颛向来正直廉明,是一位品行高尚的名士,但他平素爱喝点儿小酒,性格又有些多愁善感。他这一叹息,把气氛给营造出来了,大家伙儿你看着我,我看着你,全都流下泪来。

---

① 〔清〕王鸣盛:《十七史商榷》卷五十《晋书八》,中华书局,2010 年,第577 页。

② 〔宋〕庄绰撰:《鸡肋编》卷中《靖康初诸口实》,中华书局,1983 年,第43页。

唯独王导不哭，不仅不哭，他还有点儿生气，把脸一板，发话了："应当齐心协力效忠朝廷，最终光复祖国，何至于像亡国奴那样相对哭泣呢！"（当共勠力王室，克复神州，何至作楚囚相对泣邪！①）

一句话惊醒梦中人。王导举起了光复中原的精神旗帜，上面"克复神州"四个大字，把北来士族紧紧地团结在了一起。

而克复神州，仅仅依靠北来的士族和兵将，是远远不够的。王导深知，在吴地站稳脚跟，并团结当地的大族和百姓，结成命运共同体，是实现最高纲领必需的也是唯一的途径。以建康为代表的吴地，是三国孙吴旧地，孙吴之所以能与曹魏、蜀汉分庭抗礼，依靠的是江东本土武力豪族的拥戴。即使在孙吴被西晋灭亡之后，孙吴旧地的地方豪族势力并未衰亡，所以才能够继续对抗洛阳的统治，保持相对独立。司马睿出镇建康之初尚且在中原苟延残喘的西晋政权，对吴地的控制更是有名无实。

强龙压不过地头蛇，何况司马睿算不得强龙。他在晋室中本来就是旁系，名不正言不顺，他当年初镇江东时，很不受当地人待见，"及徙镇建康，吴人不附。居月余，士庶莫有至者"②。到了建康一个多月，竟然没有一个当地人来拜会他。

司马睿很苦闷，一苦闷，就会把坏习惯带出来。《世说新语》记载："元帝过江犹好酒，王茂弘与帝有旧，常流涕谏，帝许之，命酌酒一酣，从是遂断。"③这里的元帝指司马睿，茂弘是王导的字，司马睿到了江南以后，还是喜欢喝酒，但是喝酒误事，一天到晚醉醺醺的，还怎么成就霸业？王导就哭着劝司马睿戒酒。司马睿也爽快，浮上一大白，咕咚一口气喝光，就此戒酒。

这当然还不够，王导琢磨，必须得把司马睿的皇权地位给抬上去，

①　《晋书》卷六十五《王导传》，第 1747 页。
②　《晋书》卷六十五《王导传》，第 1745 页。
③　《世说新语笺疏》，第 661 页。

后面的工作才好开展。怎么办呢？王导苦思冥想，计上心头。他找到了堂兄王敦，一起琢磨办法。

王敦是已故的晋武帝司马炎的女婿，当时兵权在握，威震四方。王敦也是一个有自己想法的人。西晋永嘉五年（311），国都长安被攻破后，群臣无首，王导等人纷纷劝司马睿称帝重建晋廷。而王敦则希望有朝一日琅琊王氏能取代司马氏，所以他暗地里不主张拥立司马睿，他想立一位比较容易操控的新皇帝。王导不赞同王敦，而是坚持要辅佐司马睿。王敦虽然性格狂傲、目中无人，但偏偏敬服这位堂弟，于是在西晋灭亡后很认真地配合王导一起拥立了司马睿。

拥立司马睿称帝，那是以后的事了。但在此前，王导就已经开始为司马睿称帝进行各种必要的铺垫。这一次，他想联合王敦来演一出"狐假虎威"的好戏，王敦的戏份是老虎。王敦毫不犹豫地答应了。

演戏的日子选在了三月初三。按照传统习俗，这一天，人们要到水边嬉戏玩耍，祈福消灾。当天，司马睿收拾得整整齐齐，亲自出外郊游去看望百姓。只见他坐着气派的皇家轿子，摆着全副仪仗，而王敦、王导等人都骑马跟在后面。司马睿出行的豪华仪仗，吸引了不少当地人注意，其中就有在地方上名望颇高的纪瞻和顾荣。他们对这个盛大排场又惊又惧，赶紧先后在路边施礼拜迎。

用强大的阵仗震慑了江南的大族后，王导又建议司马睿，立即换上甜蜜手段笼络当地人。司马睿听从建议，派出王导造访当地的大族名人贺循、顾荣，两人应召而至。自此，吴人算是承认了司马睿的地位。而司马睿和王导的君臣名分，也就此确定了。此后，在微妙复杂的政治环境中，王导努力维系和谐、平衡、共赢的局面，实行安内攘外的政策。

和气的老好人王导，用一辈子下了一盘很大的棋。

到了晚年，他把老好人的风格发挥到了极致，他几乎不再管理政务，只是在封好的簿籍文书上签字。

老好人王导，用他的"难得糊涂"，平衡着东晋皇室与南渡士族，以及江东本土士族之间的关系，维系住了东晋初年的稳定局面。史家陈寅恪给予王导极高的评价，认为正是在他的倡导和带领之下，"南人与北人戮力同心，共御外侮，而赤县神州免于全部陆沉，东晋南朝三百年之世局因是决定矣。王导之功业即在勘破此重要关键，而执行笼络吴地士族之政策"①。

但糊涂的坏名声，王导是铁定要担的。王导并不甘心，暮年的他，曾小声而委屈地替自己辩解过："你们都说我糊涂，等我百年之后，你们会思念这种糊涂啊。"（人言我愦愦，后人当思此愦愦。②）

王导历仕元帝司马睿、明帝司马绍、成帝司马衍。晚年，他和庾亮共同辅佐晋成帝司马衍。庾亮处理政务，一反王导的宽和，一丝不苟，决断严苛，结果大失人心。他还想征苏峻入京，趁机削夺其兵权。

苏峻时任历阳内史，手握流民大军，并已屡建功勋，威望甚高的他，在庾亮看来，是朝廷潜在的威胁。庾亮就此征求王导的意见，王导这次没有笑眯眯地点头，而是坚决反对。庾亮决心已下，他征召苏峻为大司农，加散骑常侍，同时令苏峻的弟弟苏逸接替兵权。此举引发苏峻不满，认为朝廷要卸磨杀驴了。你催我拖，几个回合下来，苏峻觉得已无路可走，遂起兵叛乱，并攻破建康，亲自执掌朝政。

苏峻之乱持续两年才最终平息。经此一役，东晋元气大伤，几乎亡国。

04

通过梳理史书中的记载，客观地说，王导的治世才能隐藏在一件件不为人所觉察的"小事"中。权且做几点归纳。

其一，他有经济学家的头脑。

---

① 陈寅恪：《述东晋王导之功业》，《中山大学学报》（社会科学版）1956年第1期，第165页。

② 《世说新语笺疏》，第211页。

东晋立国之初，经济困难，国库空虚，王导率先垂范，倡导节约。他平素俭朴寡欲，日常用度一切从简，粮仓里没有多余的粮米，穿衣服也从来不同时穿两件帛衣。

王导的日子过得紧巴巴的，但有一次，他特意给自己多做了几件衣服。这几件新衣服，事出有因。当时，有官员想把仓库里存放的几千卷白绢，拿到市场上出售，赚到的钱用来充实国库。但是，这种白绢在市场上并不受欢迎。深谙时尚经济学的王导，于是客串了一把男模，他让人用这种白绢做成衣服，然后穿在身上四处去展示，他还让朝中其他官员也穿上用这种白绢做成的衣服。

看到朝廷的官员们都穿着这种面料做成的衣服，建康城里有知识有文化的人纷纷效仿起来。结果，白绢的价钱一下子就贵了起来。王导趁热打铁，让掌管财政的官员将白绢拿去出售，赚得盆满钵满。当然，赚的钱都归了国库。

其二，他有规划师的本领和谋略家的眼光。

《世说新语·言语》有记载为证："宣武移镇南州，制街衢平直。人谓王东亭曰：'丞相初营建康，无所因承，而制置纡曲，方此为劣。'东亭曰：'此丞相乃所以为巧。江左地促，不如中国；若使阡陌条畅，则一览而尽。故纡余委曲，若不可测。'"①

这段对话发生在王导去世之后多年。当时，权臣桓温镇守南州（今安徽当涂），他把那里的街道修得平坦笔直，气象阔大。见此情况，有人对王导的孙子王珣说："丞相王导当初营造京城建康时，没有什么现成的东西可供承袭，所以建康布置得迂回曲折，比起南州来就差了。"王珣回答对方："这正是丞相如此做的巧妙所在。江东地方狭窄，不如中原地区。如果把道路造得笔直通畅，就会一览无余，特意把街道造得迂回曲折，就会让人感到深不可测。"

王导营建建康城时，经济拮据、财政吃紧，而且建康所在地西、北临

---

① 《世说新语笺疏》，第185页。

长江,有大片滩涂,东靠钟山,山下水道纵横,湿地面积广阔,如此地形并不适宜开展大规模城建。王导因地制宜,将建康城造得"若不可测",既节省了资金,又有了都城的深沉气象,可以震慑天下,殊为难得。

其三,他选官有术,知人善用。

《世说新语·德行》记载有这样一件事:周镇解任临川太守,坐船回到京都建康,还来不及上岸,暂时停靠在青溪岸边。王导去船上看望周镇,当时正值夏天,突然下起了暴雨,船很狭窄,而且雨漏得厉害,几乎没有可坐的地方。王导以此判定,周镇为官十分清廉,值得举用,随后启用他为吴兴太守。(周镇罢临川郡还都,未及上,住泊青溪渚,王丞相往看之。时夏月,暴雨卒至,舫至狭小,而又大漏,殆无复坐处。王曰:"胡威之清,何以过此!"即启用为吴兴郡。①)

其四,他有大局观,时刻将国家利益置于前。

当时,带兵镇守武昌(今湖北鄂州)的庾亮,与琅琊王氏争权,有东下罢黜丞相王导的意图。有人建议王导,应当暗地里稍加防范,以备不测。王导对此坦然应答:"我和庾亮虽然都是朝廷大臣,原本就有故交情谊。如果他想来顶替我的位子,我立刻脱下冠帽回到乌衣巷家中去,何谈什么稍加防备!"(有往来者云:"庾公有东下意。"或谓王公:"可潜稍严,以备不虞。"王公曰:"我与元规虽俱王臣,本怀布衣之好。若其欲来,吾角巾径还乌衣,何所稍严。"②)

这话也许有作秀的成分,但说得多么敞亮!王导深知,臣子们彼此和睦、同心协力,晋室江山才能稳当,国家才有希望。

其五,他有原则,大是大非面前,绝不妥协。

据《世说新语·方正》载,元帝司马睿宠爱郑夫人,想废掉长子司马绍,立郑夫人所生的司马昱为太子。司马睿征求王导的意见,王导坚决反对。他深知,废长立幼的做法往往会引发宗室内斗,流血牺牲是小

---

① 《世说新语笺疏》,第 34 页。
② 《世说新语笺疏》,第 421 页。

事，闹大了国家都会跟着遭殃，而且太子司马绍非常贤明，完全有能力胜任帝王伟业。可司马睿一心想立司马昱，并与迎合他心意的刁协达成共谋：宣持异议且德高望重的王导与周颉入朝，然后立即拿出拟好的诏书给刁协，诏书一发，生米煮成熟饭，王导与周颉只有附和。

就这样，王导和周颉被宣进宫来。情况紧急，周颉一时没反应过来。此时，一向恭敬谦和的王导，表现出了沉稳果断、胆识过人的一面。不等司马睿发诏，王导就拨开那位传诏的人，直接走到御床前询问，宣自己与周颉入朝是有何事。司马睿见废立计划被看穿，于是只得取出诏书撕掉，从此不提废立之事。（丞相披拨传诏，径至御床前曰："不审陛下何以见臣。"帝默然无言，乃探怀中黄纸诏裂掷之。由此皇储始定。①）太子司马绍的地位，自此稳固。

有关元帝曾欲改立太子之事，《晋书》的记载略有不同。根据《晋书》记载，元帝喜爱琅琊王司马裒，欲以他取代长子司马绍，最终也是在王导的劝谏下，放弃了该想法。

司马绍，也就是后来的晋明帝，《晋书》说他"聪明有机断，尤精物理"②。清代的王夫之更是给予他高度评价："明帝不夭，中原其复矣乎！"③晋明帝在位仅四年，就因病去世，王夫之认为，如果他能多活几年，就能实现克复神州的愿望。

05

老好人王导，一生被人诟病的事情主要有两件。

其一，他假王敦之手杀害了周颉。

东晋永昌元年（322）正月，王导堂兄王敦在武昌起兵，以讨伐奸臣

---

①　《世说新语笺疏》，第361页。

②　《晋书》卷六《元帝纪》，第165页。

③　［清］王夫之：《读通鉴论》卷十三《明帝》，中华书局，1975年，第346页。

刘隗的名义东攻建康。刘隗劝司马睿将他们斩草除根，全部杀掉。得知堂兄叛乱，王导甚为震惊，为了家族免受牵连，王导脱去朝服，带着王氏子弟跪在宫殿门前请罪。适逢周𫖮进宫，王导央求他："伯仁，以百口累卿！"①伯仁是周𫖮的字，王导恳求他在皇帝面前为王家一百多口人求情。但周𫖮像没听见一样，昂首径直走进宫去。

周𫖮见到皇帝后，说王导是个忠臣，极力陈情，皇帝采纳了他的意见。周𫖮喜欢喝酒，在宫里喝醉了才出来。这时，还在原地守候的王导，又跟周𫖮搭话。周𫖮不理他，一边走一边说："今年杀诸贼奴，取金印如斗大系肘。"今年把这些叛贼都杀掉，搞个大金印放在我袖子里。

周𫖮回家后，又赶紧写了一封奏折，词语恳切，替王导求情。

司马睿本来也了解王导的忠诚正直，再加上周𫖮从中斡旋求情，于是他把朝服还给王导，并召见了他。琅琊王氏躲过了灭族之祸，但王导并不知道这其中多亏了周𫖮，所以非常恨他。后来，王敦攻入建康，总揽朝政，他和王导之间展开了一段关于人事任用的对话。

王敦问："周𫖮、戴若思南北之望，当登三司，无所疑也。"周𫖮和戴若思是南北两大才子，应该做司空、司马、司寇这样的大官，没什么问题吧。

王导不说话。

王敦再问："若不三司，便应令仆邪？"如果不做三司，那应该可以做尚书令、尚书仆射吧？

王导还是不说话。

王敦又问："若不尔，正当诛尔。"如果不这样，那就杀掉吧。

王导保持沉默。

于是王敦就杀了周𫖮和戴若思。

事情并没有结束。后来，王导在整理中书省旧文件时，才发现周𫖮曾上表救他，极力为他辩白求情。王导捧着那份奏章泪流不止，悔恨不已。他对家人说："吾虽不杀伯仁，伯仁由我而死。幽冥之中，负此良友。"

---

① 周𫖮遇害事见载于《晋书》卷六十九《周𫖮传》，第 1853 页。

其二，就是前面提到的，他没管好家里的女人。这里的女人，有他的宠妾雷氏，还有他的正室夫人曹氏。

南朝刘宋时期的虞通之写有一部《妒记》，专门记载那些容不得丈夫纳妾的女人。一个女人，不愿意自己的丈夫找小三，在今天看来是再正常不过的事情，但是在古代，这样的女人会被冠上妒妇的坏名声，她的丈夫也会遭到别人嘲笑。王导的夫人曹氏，就因为好妒，被写进了《妒记》。①

曹夫人禁止王导有婢妾，经常盘查王导身边的男仆，见到有长相俊美的少年，就大骂一通。王导瞒着曹夫人在外面建了别墅，纳了若干小妾，生了不少儿女。有一年的元旦，曹夫人在青疏台看见几个小孩子骑着羊，都长得端正可爱。曹夫人远远地看着，越看越喜欢，就让身边的婢女去问问，这些孩子都是谁家的。答话的人回复婢女，说这些是家里排行第四、第五等的各位公子。曹夫人大吃一惊，怒不可遏，命令二十个人驾着车，带着菜刀，出门去找王导的小妾们算账。王导知道后，急忙叫人备车，紧跟着飞快地出了门。担心驾车的牛跑不快，王导就用左手抓住车上的栏杆，右手拿着麈尾帮助车夫打牛。一路狼狈地奔跑，终于比曹夫人先到了别墅，避免了一场腥风血雨的家庭内斗。

一向看王导不顺眼的司徒蔡谟，知道这件事后，乐不可支。他特意来拜访王导，一本正经地说："朝廷要赏赐您九锡，您知道吗？"（朝廷欲加公九锡，公知不？）这里的"锡"，通"赐"，九锡是天子赏赐给有功劳的诸侯、大臣的九种礼器，分别是：车马、衣服、乐、朱户、纳陛、虎贲、斧钺、弓矢、秬鬯，是最高礼遇的表示。

听蔡谟说了这个好消息，王导信了，不仅信了，还很谦虚地说了一通客套话。蔡谟见有效果，于是又说："没听说要赏别的东西，只听说有短栏杆牛车和长柄麈尾。"（不闻余物，唯闻有短辕犊车，长柄麈尾。）

---

①　《妒记》原书已散佚，其中所记曹夫人妒事，见于《世说新语·轻诋》第六篇刘孝标注（《世说新语笺疏》，第973页）；〔唐〕欧阳询：《艺文类聚》卷三十五《人部》，亦收录此事；鲁迅：《古小说钩沉》（齐鲁书社，1997年），收录《妒记》残篇。

蔡谟的戏弄,让王导非常尴尬。后来,王导贬低蔡谟说:"我从前和王安期、阮千里在洛水边集会的时候,哪里听说过蔡充的儿子呢。"(吾昔与安期、千里共在洛水集处,不闻天下有蔡充儿。)

安期是王承的字,千里是阮瞻的字,两人都是东晋名士,早在尚未南渡时,就已经名满洛阳。王导这句话里提到的蔡充,是蔡谟的父亲。直呼别人父亲的名字,是非常失礼的,一向文雅的王导,如此不顾礼仪禁忌,由此可见他对蔡谟的不满和愤怒。

《妒记》记载的故事,在正史《晋书》中也有收录,内容基本相同。于是,一代名相王导就留下了怕老婆的名声。

话说回来,王导真的怕老婆吗?恐怕不是。

性格强势的曹夫人,生有一个儿子,名叫王悦,是王导的长子。王悦从小品行端正,对父母非常孝顺,深得王导和曹夫人的喜爱,王导每次上朝时,王悦都恭敬地送他上车离开,王导也高高兴兴地和儿子说说笑笑。可惜,王悦年纪很轻就去世了,那以后,王导每次去上朝,走到王悦以前送他的地方就开始哭,一直哭到皇宫的台门才停。王悦在世时,经常帮母亲收拾整理箱箧,他离世后,曹氏把儿子整理过的箱箧封起来,不忍心再打开。

了解了王导和曹夫人这段痛失爱子的经历,就能更客观地看待王导的"惧内"。在"夫为妻纲"的中国传统社会里,作为一家之长的男性,在家中具有天然的领导地位,女性处于从属的地位,王导的"惧内",包含着顾念夫妻旧情的善意,包含着对爱子早逝的痛心,甚至包含着强者对弱者的怜惜。

二、乡巴佬王敦：一步错棋毁半世功勋

琅琊王氏作为东晋最显贵的门阀，族内人才济济，相映生辉。如果说王导是东晋琅琊王氏第一显赫者，那么第二非王敦莫属了，一文一武，宛如双子星座护佑东晋国祚，确保了司马睿在江南立稳根基。

然而，相比王导在后世获得的极高威望，王敦则显得黯然失色了。这位出身名门的权臣，因为走错一步棋，毁掉了自己出生入死积累起来的荣耀，落下了千古骂名。

01

王敦是王导的堂兄，他的父亲王基，与王导的父亲王裁是亲兄弟，王裁是兄，王基是弟。年轻时的王敦，是个磊落洒脱的汉子，用今天的话说，钢铁直男，没什么生活情趣。可是，他偏偏生在一个特别讲究生活情趣的年代。

当时，晋帝国的都城还在洛阳，史称西晋。咸宁六年（280），即王敦十五岁那年，晋武帝司马炎灭掉三国之中的最后一个政权——孙吴，彻底结束了长达近百年的分裂局面。在他的用心经营下，西晋走上了发展的快车道，人口迅速增长，经济状况好转，出现了"太康之治"的繁荣景象。

西晋的皇族和贵族利用特权累积起来了大量的财富，在司马炎的率先垂范下，吃喝玩乐成了他们的生活日常。如果仅仅停留在物质层面上的吃喝玩乐，那只能算是土豪。这些生活优渥的贵族们的文艺细胞也很发达。他们热衷于文学、哲学、书法、绘画、舞蹈、音乐等，花费大量时间沉浸其中，培养了出色的审美能力。

但是王敦的审美细胞不发达，他是贵族中的另类，对这些高雅的艺术毫无兴趣。

晋武帝司马炎主持了一个论坛，召集社会名流们来聊天。聊什么呢？聊艺术，聊明星，谁琴弹得好，谁文章写得漂亮，哪个歌姬嗓子靓，哪个舞娘腰肢更柔软，写字用什么地方出产的纸张好……无外乎这些。大伙儿谈得津津有味、兴致勃勃，唯独王敦，不懂这些，谈不到一起去。

不过，直男王敦不甘寂寞，他听烦了那些絮絮叨叨，干脆毛遂自荐说自己会击鼓。击鼓也算艺术，在诵诗、乐舞的休闲娱乐节目里，可以用来伴奏，在祭祀、战争、庆典这样的盛大场合，则是当仁不让的主角，负责统领气氛和控制全场节奏。

听说王敦会击鼓，司马炎很高兴，叫人取来鼓给王敦。王敦不客气，撸起袖子从座位上站起来，高举鼓槌用力击打。只听他音节和谐敏捷，只见他神气豪迈向上、旁若无人，雄壮飒爽的风姿引来满座赞叹。

有的人为王敦喝彩，可能只是随声附和，因为击鼓虽然也算艺术，但那声音震天响的，实在不符合贵族的审美情趣。但司马炎是真心欣赏这个年轻人，作为帝国的一把手，他深知，文学艺术固然重要，但在战场上号令千军万马为国赴死，仅靠文艺工作者是绝对不够的。

王敦显然是一名将才，一定要笼络住，司马炎算盘珠子一拨拉，把最心爱的女儿襄城公主嫁给了他。司马炎为爱女准备了丰厚的嫁妆，相当于其他公主嫁妆的十倍之多，还陪送了很多婢女。如此张扬，其实也是为了抬高女婿的身价。老丈人看女婿，越看越喜欢，从今往后用他的时候多着呢！

襄城公主爱王敦吗？这个不得而知，也并不重要，身在帝王家，个人感情必须让位于江山社稷的需要。

可以肯定的是，公主的婢女们对这位新晋驸马爷颇有些瞧不上眼。

驸马爷有个不大光鲜的绰号，叫"田舍郎"，按照今天通俗的说法，就是乡巴佬。正儿八经的琅琊王氏，怎么会成乡巴佬呢？当然跟他没有生活情调、艺术修养差有关，还跟他一口土得掉渣的"楚鲁普"有关。

"楚鲁普"是个生造词，用今天通俗的说法，是带着南方口音的山东味儿普通话。王敦是琅琊即丘人，那地方从前属于鲁国，战国时被来自南方的楚国所灭，当地人讲话的口音渐渐染上了楚音。有着即丘背景的王敦，以带有楚音的鲁方言为自己的母语。年轻时的王敦长期生活在西晋帝国的中心——洛阳，受周围环境的影响，他平常与别人交往时都说洛阳话。按照当时的地理概念，洛阳所在的中原属于正统；鲁地位置在东，生拉硬扯也算中原，但跟洛阳比起来，又是偏僻之地了；与鲁接壤的楚地，位于南方，被称为南蛮。当时的语言鄙视链，从高向低依次是：洛阳话—鲁地方言—楚地方言。在冠盖云集的洛阳城，王敦的"楚鲁普"自然遭到那些操着一口正宗洛阳话的贵族们的歧视。

驸马爷是个土包子，但既然做了皇帝的女婿，那些规矩、礼仪，包括生活习惯，就得多看多学。可是，王敦偏不，他缺的就是这根筋。

刚跟公主结婚时，到了新家，王敦想上厕所，于是就去了。进去一瞧，厕所里有个漆箱，里面盛着干枣。王敦乐了，这厕所高级，还备着干果，拿起来一股脑儿全吃了。上完厕所回来，王敦见婢女举着金盘子、琉璃碗伺候，盘子里盛着水，琉璃碗里装着豆子。皇家气象，上个厕所，进去有的吃，出来有的喝，高级。王敦拿起豆子哗啦啦倒进水里，端起来风卷残云喝个精光。别人上厕所，是为了排空，王敦上厕所，却吃饱喝足了。吃饱喝足的王敦，其实出了大洋相。原来，厕所里的干枣是用来塞鼻子的，以防被臭气熏倒；那些豆子也不是用来吃的，而是澡豆，是洗脸洗手时用的。

王敦的洋相承包了婢妾们大半辈子的笑点。他晚年曾有一位名叫宋祎的侍妾，年轻美貌，擅长吹奏笛子，她离开王敦好些年后，还以取笑这位前任主子为乐。

《世说新语·品藻》记载，宋祎后来到了镇西将军谢尚家中，谢尚是个风流倜傥的美男子，爱打扮，喜欢穿时髦精致的衣服。他问宋祎："我比王敦怎么样？"宋祎回答："他跟您比，就像是乡巴佬和大贵人比。"（宋祎曾为王大将军妾，后属谢镇西。镇西问祎："我何如王？"答曰："王比使君，田舍、贵人耳。"①)

从洛阳到建康，从西晋到东晋，从年轻到年老，王敦一辈子都没有摆脱乡巴佬的绰号。

02

乡巴佬王敦自有他为人称道的优点，与他同处东晋但比他年纪轻的孙盛撰有《晋阳秋》一书，书中记载"敦少称高率通朗，有鉴裁"②，夸赞王敦性格豁达开朗、爽直率真，善于审察人、事的优劣。

王敦的"鉴裁"超乎寻常，他大概率是一位唯物主义者，明辨是非的能力，有时候甚至超过他满腹才华的堂弟王导。

有一次，王导请来算命先生的祖师爷郭璞，让他给自己占一卦。卦占成后，郭璞发现情况不妙，王导将要遇到雷击之灾。王导问如何消灾，郭璞告诉他，向西走几里路，看到一棵柏树，砍下来，按照王导的身材截一段，摆到王导常睡的床上即可。王导悉数照办，不久后，柏树果然被雷劈得粉碎。王家子弟都表示庆贺。王敦却不以为然，说了一句话——你竟然把罪过推给了树木。（君乃复委罪于树木。③）虽然看不惯王导"委罪于树"这件事，但王敦其实一向喜欢堂弟王导，他对包括王导在内的老王家的所有人，有一种发自肺腑的爱。

王敦的族兄王衍，是西晋末年重臣，位列三公，是玄学清谈领袖，外表清明俊秀，风姿安详文雅。王敦夸赞这位年长自己 10 岁的族兄："处众人中，似珠玉在瓦石间。"④

王敦有骄傲的资本。老王家的牛人很多。王敦的另一位族兄、竹

---

① 《世说新语笺疏》，第 611 页。
② 《世说新语·豪爽第十三》刘孝标注，见于《世说新语笺疏》，第 702 页。
③ 《世说新语笺疏》，第 833 页。
④ 《世说新语笺疏》，第 722 页。

林七贤之一的王戎，也位列三公，而日后大名鼎鼎的王导，不仅做了司徒，还做了丞相——东晋咸康年间罢司徒之设归职权于丞相。

那时候，晋室尚未南渡，五家的子弟们聚在一起，就是一道亮丽的风景线，刷新了洛阳的天空，让人眼花缭乱，就连外人也夸赞说，看见琅琊王氏子弟，就似"触目见琳琅珠玉"①。

王敦当然也是这些珍宝玉石中的一枚。跟王家的其他珍宝玉石比起来，王敦这枚不大温润，而是透着森森寒气。当然，这寒气，主要是针对外人，比如石崇。

石崇是中国历史上最著名的富豪之一，他有多富？比皇帝司马炎还富。当时有外国进贡一种神奇的火浣布，遇火不坏。司马炎穿上火浣布做的衣衫，跑去找石崇炫富。石崇自有高招，他故意穿着平常的衣服，却让五十个奴仆都穿着火浣衫迎接司马炎。

石崇还跟另一位富豪、司马炎的舅父王恺比富，王恺用糖水刷锅，石崇便用蜡烛当柴烧；王恺做了四十里的紫丝布步障，石崇便做五十里的锦步障；王恺用赤石脂刷墙，石崇便将花椒掺入涂料刷墙……花椒？没错，早在汉代皇宫里就时兴用花椒作原料刷墙，这样的房间称为椒房，特供后妃居住，椒房也常常直接用作后妃的代称。当时的人们认为花椒是纯阳之物，温暖而芬芳，并且花椒子多，喻义皇家子嗣众多。石崇此举，相当于把自己家装修成了"椒房"，狂妄至极。

西晋首富石崇，向来喜欢高调炫富。炫富的另一个重要方式，就是在家搞私人宴会，也就是"轰趴"，请的自然都是有头有脸的人物，比如王敦、王导哥俩。客人来啦，酒必须满上。为了让客人喝得尽兴，石崇特意叫来美女斟酒劝酒。酒这东西，爱的人抢着喝，不爱的人避之唯恐不及。看到有人喝得扭扭捏捏，石崇不高兴了，这不是不给面子吗？他定下一条规矩，如果客人们不把杯子里的酒喝完，就把斟酒的美女斩了。

----

① 《世说新语笺疏》，第721页。

这条规矩颇具震慑力，但凡有点同情心的人，都不想因为自己而连累美女受死，纷纷饮尽杯中物。向来不善于喝酒的王导，当然也无可奈何端起酒杯。一杯又一杯，王导很快醉意朦胧。唯独王敦，说不喝就不喝，他打定主意要陪石崇把游戏玩下去。石崇被将了一军，恼羞成怒，果真喊来侍从，把为王敦斟酒的美女杀了。

换一位美女，继续斟酒劝酒。王敦目不斜视，仍坚持不喝。一而再，再而三，三位美人倒在了刀下。旁边的王导吓得酒醒了大半，如坐针毡，连声责备王敦。王敦答他一句："他杀他自家的人，关你什么事！"（自杀伊家人，何预卿事！①）

冷血的王敦，丝毫不给石崇面子。

关于这个故事，另有一个版本，说请王敦喝酒的东道主不是石崇，而是王恺。其实，不管是石崇还是王恺，两人的共同点是都喜欢在家搞"轰趴"。两人的另一个共同点是都为富不仁，王恺曾当着众多客人的面杀了一位吹笛子的艺伎，只因她吹错了音。当时，王敦也在座，也是面不改色。

王敦的冷血，让王导有些担心，他曾经叹息："处仲若当世，心怀刚忍，非令终也。"②处仲是王敦的字，王导觉得，他这位堂兄如果有朝一日身居高位，如此刚愎、残忍，是不会有善终的。

王导早早察觉到，王敦将来会是个危险人物。不过，少年老成的王导又乐观地觉得，毕竟是自家兄弟，只要自己多多加以规劝，王敦也不会惹出太大的麻烦。但王敦冷血无情的名声已经传播出去了，对他这样一个特立独行的人，西晋上流社会的朋友圈都在议论。

太子侍从官、洗马潘滔认为王敦长着胡蜂一样凶狠的眼睛，有着豺狼那样的声音，是非常残忍的人，他预言王敦将来的结局：要么害别人，要么被别人所害。（处仲蜂目已露，但豺声未振。若不噬人，亦当为人

---

① 《世说新语笺疏》，第 1028 页。
② 《晋书》卷九十八《王敦传》，第 2553 页。

所噬。①)

就连石崇家的婢女们，也在背地里谈论着王敦。婢女们是在厕所里认识王敦的真面目的。按照现代心理学家的观点，上厕所的细节能反映出一个人的真性情，心理学家就此专门设置了心理测试题。其实，从如厕看性格，不是现代人的专利，一千多年前的人，比如石崇家的婢女就很擅长于此。

石崇家的厕所非常豪华，里面有十多位婢女列队侍奉客人，个个都穿着华丽的衣服，打扮得漂漂亮亮。厕所里还放着香料香粉，一则去味，二则客人可以用来补妆美容。

亮丽的厕所工程，本来是好事，但石崇玩得有些过了。他家的厕所里，还备着新衣服，客人办完事后，婢女们赶紧过来，手脚麻利地把客人的旧衣服脱掉，换上新衣服。上个厕所，还得被人摆弄一番，这让很多客人觉得尴尬，干脆憋着不去了。

是可忍，孰不可忍？王敦的字典里，没有尴尬这个词。该干吗就干吗，上完厕所，他脱掉旧衣服换上新衣服，神色如常。他一出去，婢女们背地里立刻交头接耳："看样子这家伙将来是要谋反造逆的。"(此客必能作贼。②)

不要小看石崇家的婢女，她们阅人无数，而且阅的都是来石家做客的王公大臣，练就了一双识人的慧眼。

03

娶了公主，一架青云梯缓缓出现在王敦眼前。

先是被授驸马都尉，后又授太子舍人。驸马都尉，"驸"即副，从字面意思看，指掌管副车之马的武官。御驾出行，皇帝乘坐的车驾为正

---

① 《晋书》卷九十八《王敦传》，第 2553 页。
② 《世说新语笺疏》，第 1029 页。

车，其他随行的马车是副车。驸马都尉原本是个官职，到后来渐渐成了皇帝女婿的专用称谓。太子舍人，则是太子的属官。

其实，驸马都尉是个虚职，太子舍人品级也不高，但新世界的大门已经向王敦敞开了，当然，能不能扶摇直上，还要看他自己的造化。

王敦运气不够好，还没来得及好好表现，西晋太熙元年（290），老丈人司马炎一命归天。同年，晋惠帝司马衷即位。司马衷主政后，非常信任皇后贾南风。贾后专权，朝纲不振，西晋帝国内乱频发，对外还要抵御来自周边少数民族的强势进攻，真可谓内外交困。

乱世之中，王敦的政治和军事才能日益显露。

元康九年（299），贾南风开始迫害太子司马遹。

司马遹来历蹊跷，他的母亲原是晋武帝司马炎后宫的才人谢玖，司马衷做太子时，司马炎派谢玖到东宫侍寝，谢玖由此怀孕，并生下了司马遹。贾南风看这个名义上的儿子极不顺眼，一直想除掉他。司马炎死后，机会终于来了。她设计废掉司马遹的太子位，并将他贬迁许昌。太子被贬迁时，诏令东宫属官不得相送。王敦在这个时候显示出了非凡的勇气，同其他几位东宫属官一起不顾禁令，在路旁流泪遥拜，此举受到人们的敬重。

西晋永康元年（300），司马遹被害。那些反对贾皇后的皇族以此为契机，想要除掉她。赵王司马伦先是假造诏书，以谋害太子的罪名废掉贾皇后，随后又派人毒杀她。司马伦野心勃勃，趁势软禁司马衷，僭越称帝。司马伦即将称帝前，出于笼络人心和军事上的需要，他派王敦去慰劳兖州刺史王彦及其部众。王彦是王敦的叔叔。见了叔叔，王敦却倒戈，力劝叔叔起兵反对司马伦。当时，司马诸王正在起兵反对司马伦的僭越之举，但王彦畏惧司马伦，一时不敢响应。在王敦的力劝下，王彦终于起兵响应。后来司马伦战败，司马衷复位，王彦也因此立下了大功。

司马衷复位后，王敦被升迁为散骑常侍、左卫将军、大鸿胪、侍中，出任广武将军、青州刺史，成为权倾一方的封疆大吏。

愚鲁的司马衷稳不住风雨飘扬的西晋，司马诸王展开了旷日持久的内斗，并最终以东海王司马越毒杀司马衷而告终。司马越立司马衷之弟司马炽为皇帝，自任太傅辅佐朝政，并重用王敦，委任他为扬州刺史。扬州刺史管辖的范围比青州刺史更大，权势更重，地位更显赫。

王敦羽翼已丰，逆风而行，在乱世之中迅速成长。但西晋国运已尽，只剩苟延残喘。在堂弟王导的建议下，王敦决定放弃中原，转而襄助琅琊王司马睿立足建康，凭借江南与北方凶悍的少数民族政权抗衡。王敦的选择，有政治投机的成分，但不可否认，在面对历史大势的时候，他做出的选择是正确的。

江南居不易，考验王敦的事情每天都在发生。

西晋永嘉五年(311)，匈奴刘渊的军队攻入洛阳，晋怀帝司马炽被俘。司空荀藩发布告示，推司马睿为盟主，司马睿于是承制改换重要官员。江州刺史华轶不肯服从，王敦受命率领甘卓等人讨伐华轶。

在《晋书》卷九十八《王敦传》中，这一战记载得很简单，只有一句话："寻与甘卓等讨江州刺史华轶，斩之。"[1]但实际上，这一战的意义极不寻常。

华轶是个硬骨头，曾与王敦同在东海王司马越帐下，后来出镇江州，成为封疆大吏。当时中原大乱，四方瓦解，华轶有志匡扶晋室，总是恭恭敬敬派人去洛阳进贡。因为晋怀帝尚在洛阳，所以华轶一直拒绝接受司马睿的命令。现在，洛阳覆亡，晋怀帝被掳，收拾旧河山的使命担在了司马睿肩上，但华轶仍然不肯听司马睿指挥。

华轶在江州刺史任上颇得人心，笼络住了当地的世家大族，不少中原的士族纷纷南下依附华轶。他公开抗命，一些念旧惜名的西晋老臣，暗自持观望态度。对司马睿来说，如果收抚不了这些人，那么他的光复计划会难上加难。而王敦此时的胜利，无疑起到了杀一儆百的作用，旧臣们看到了王敦的能力，更看到了司马睿的魄力。

---

① 《晋书》卷九十八《王敦传》，第 2554 页。

接下来,王敦要收拾的是蜀地流民首领杜弢。

从西晋永嘉五年起,杜弢率领流民军纵横湘、荆、豫等地区,所向披靡,先后战败湘州刺史荀眺、广州刺史郭讷、荆州刺史王澄等人,安成太守郭察、长沙太守崔敷、宜都太守杜鉴、邵陵太守郑融等更是败于其手。

西晋建兴三年(315),王敦受命率武昌太守陶侃、豫章太守周访等人讨伐杜弢。讨杜之战,范围从湘、荆、豫延及交(今广西桂林)、广(今广东广州)等地,最终以王敦的全面胜利而告终。杜弢被灭后,王敦晋升为镇东大将军、开府仪同三司,加封都督江扬荆湘交广六州诸军事、江州刺史,封汉安侯。

经历王敦一番征战,长江以南的半壁江山暂时稳住,为司马睿重建晋廷做好了军事上的铺垫。而王敦的堂弟王导,此时经过用心经营,也为司马睿登极做好了舆论上的准备。

西晋建兴四年(316),长安失守,西晋灭亡。建兴五年(317),司马睿在建康重建晋廷,改元建武,并于次年正式即帝位,史称东晋。

司马睿重建晋廷的同时,王敦的权力也达到极盛。他揽延军政大权,开始自己选拔设置官吏,兼统州郡。杜弢兵败后,王敦收服其部将杜弘,委以重任,宠信有加。南康人何钦占据险固之地,聚众数千人,王敦亦加以收服,并封为四品将军。

王敦专权的迹象日渐明显,而他笼络的这些人,个个都是狠角色。建康城里,司马睿有些坐不住了。

04

司马睿对王敦心生忌惮,他有意培植力量,抗衡和压制以王敦、王导为代表的门阀势力,以加强皇权。御史中丞刘隗和尚书令刁协,便是他要依仗的新势力。

在司马睿的支持下,刘隗与刁协推行了崇上抑下的一系列"刻碎之政"。"刻碎"有苛刻烦琐之意,揪住小问题做大文章,名义上整顿纲纪,实际上是敲山震虎，威吓那些气焰嚣张的世家大族。

刘隗很乐意充当那根敲山的大棒。他先后弹劾了戴渊、颜含、梁龛、周颉、阮抗等人，都是朝中颇有名望的人物。比如周颉的案件，别人丧服刚除，老周就跑到那人家里去喝酒，这事可大可小，但刘隗弹劾得义正词严，司马睿支持得也是一本正经。

刘隗和司马睿，一唱一和，几乎架空了劳苦功高的王导。刘隗还试探性地对老王家发难，弹劾王敦的亲哥哥王含，说他仰仗自己世家大族的身份和朝中大员的地位目无法纪、恣意妄为。司马睿接到弹劾后没批准，因为时机还不成熟，不能撕破脸。

可是刘隗咄咄逼人，令世家大族坐卧不安，不知道哪天这家伙就会弹劾到自己头上。坐镇荆州的王敦，更是心生愤懑。为了司马家的江山，老王家流血又流汗，到头来，却被奸佞小人排挤。他上疏为王导叫屈，其实也是为老王家叫屈，言语之间颇多埋怨。奏疏到了王导手中，王导不想激化矛盾，封起来退给王敦。

王导的顾全大局，在王敦看来就是唯唯诺诺。但身处荆州，王敦对朝中的局势也无可奈何，他只有再次上疏。另外，他还可以坐在自己的地盘上喝喝闷酒、发发牢骚。酒喝到微醺，王敦忍不住要引吭高歌。他反反复复唱诵："老骥伏枥，志在千里。烈士暮年，壮心不已。"[①]一边唱一边即兴伴奏，用如意敲打唾壶，把唾壶边缘敲出了许多缺口。

王敦诵唱的句子，取自曹操所作四言诗《龟虽寿》，是曹操五十三岁时的作品。当时的曹操，剿灭袁氏、北征乌桓，刚刚统一北方，作为一个年过半百的人，普通百姓想要的是宁静平和，安度晚年，但曹操正是豪情万丈、壮心不已，剑指大江之南，志在统一全国，成就大业。

此时的王敦，与彼时的曹操年纪相当，也有着与曹操一样的雄心壮志。但他面对的皇帝司马睿，显然不像彼时的汉献帝刘协那样易于操

---

① ［明］王邦直撰，王守伦、任怀国等校注：《律吕正声校注》卷三十四《乐舞歌辞》，中华书局，2012 年，第 317 页。

控。建康城里，让王敦恼火的事情，一而再，再而三地发生。

　　湘州刺史的位置空缺出来了，王敦想安置自己中意的人，司马睿却派皇室宗亲谯王司马承出镇湘州。为安抚王敦，司马睿为他加羽葆、鼓吹，把他出行的仪仗队提升到了皇家档次，还给他增加了六名侍从官。

　　司马睿表面上对王敦厚爱有加，但其实只是在为下一步的部署争取时间。他任命南方士族出身的戴渊为征西将军，驻守淮阴，都督兖、豫等六州军事；任命刘隗为镇北将军，驻守合肥，都督青、徐等四州军事，征调扬州地区沦为奴仆的北方流民组成军队。所有这些行动，打着讨伐胡人的旗号，实则是为了防御王敦。

　　战争的气息越来越浓。

　　东晋永昌元年（322），王敦率军向京师进发，并以诛奸臣刘隗为名，上疏司马睿。行至芜湖，又上表陈述刁协的罪状。

　　时候到了。《晋书·王敦传》记载："帝大怒，下诏曰：王敦凭恃宠灵，敢肆狂逆，方朕太甲，欲见幽囚。是可忍也，孰不可忍也！今亲率六军，以诛大逆，有杀敦者，封五千户侯。"[①]司马睿表示，他现在的处境就像商朝的第四位皇帝太甲一样，面临着被大臣幽禁的可能，为此，他要亲率大军，讨伐逆贼王敦。

　　王敦的军队沿江而下，很快就到了建康，直抵石头城。守城的周札大开城门接纳王敦的军队，司马睿的王师被打败，刘隗逃走。

　　见王敦来势汹汹，建康城的各级官员们四散逃跑。王敦入城后，拥兵不朝，放纵士兵在城内外劫掠，还对受命讨伐他的周顗、戴渊等人痛下杀手。

　　司马睿退到无处可去，于是脱去战袍，穿上朝服，对王敦说："想得到我的位子就该早说，我可以回到琅琊，何至于把百姓害成这样！"（欲得我处，但当早道，我自还琅琊，何至困百姓如此[②]）

---

①　《晋书》卷九十八《王敦传》，第 2559 页。

②　《晋书》卷九十八《王敦传》，第 2560 页。

这是无可奈何的示弱姿态。

那位占了湘州刺史位子的谯王司马承，王敦也没有放过他，派人偷偷地把他干掉了。

将建康城里的事情安排妥当以后，王敦回军武昌，继续肆意妄为。他任命哥哥王含为卫将军、都督沔南军事，总领南蛮校尉、荆州刺史，又任义阳太守任愔都督河北诸军事、南中郎将，本人则亲自都督宁、益二州，一时权势熏天。

皇帝变成了摆设，司马睿羞愤交加，一病不起，几个月后命归黄泉。司马睿死后，晋明帝司马绍即位，改元太宁。此时的王敦，运筹帷幄，可以决胜于千里之外。但他并不满足于此，为了方便就近控制朝政，王敦暗示朝廷征召自己，司马绍遂手诏征召王敦入朝，授其假黄钺和"奏事不名，入朝不趋，剑覆上殿"①等殊礼。皇帝准许臣子奏事不提名，入朝不趋走，带剑穿履上殿，这原本是显示信任和恩宠，但司马绍此举显然是迫于无奈。

不久，王敦移镇建康城附近的姑孰（今安徽当涂）。

王敦得志之后，越来越目中无人，他把四方的朝贡纳入自己府库，从中央到地方各级官员任命，也是由他说了算。他尤其注重培植琅琊王氏的势力，自任扬州牧，迁哥哥王含为征东将军，都督扬州、江西诸军事，任命三位堂弟王舒、王彬、王邃分别为荆州牧、江州牧、徐州牧。而对那些政见不同的琅琊王氏子弟，王敦也不再顾惜亲情，他的堂弟豫章太守王棱，就因为触怒他而丢了性命。

王敦的所作所为，引起了琅琊王氏内部的分歧。王含、王舒等人公开支持王敦，王导、王彬则或明或暗地反对王敦。

---

① 《晋书》卷九十八《王敦传》，第 2560 页。

05

王敦已经五十九岁了,他坐镇姑孰,目的就是攻取建康,但此时的他已重病在身,只能在病榻之上部署作战计划。晋明帝想讨伐王敦,但他深知,只要王敦还活着,就能凭恃其威震慑朝野,文武官员不敢贸然与其为敌。晋明帝于是假称王敦已死,随后下了讨逆诏书。

王敦病情更加沉重,不能统率三军,王含自告奋勇,以主帅身份统领大军进攻建康。军队到达京师附近的江宁,王导写信给王含,晓以利害,实施告诫劝降之策。王含没有答复。明帝派军队在越城向王含进击,打败了王含。王敦得知消息后痛心不已,他恼恨自己的兄长不争气,遗憾其他文武兼备的兄弟都已经死了。("我兄老婢耳,门户衰矣。"[1])他想亲自统兵征战,力挽狂澜,却连起床的力气都没有。

王敦的另一支军队,此时也已经抵达京师,驻扎在秦淮河南岸。晋明帝亲自率六军抵御,连连战胜。

弥留之际的王敦,还在为琅琊王氏安排着千秋伟业。王敦没有儿子,过继了他哥哥王含的儿子王应。他吩咐,自己去世后,王应立刻即位,先立朝廷百官,再办理他的丧事。

然而事与愿违。王敦死后,王含父子兵败如山倒。父子俩乘着单船投奔荆州刺史王舒,王舒却命人将他们沉入江中。王舒其人,自小不重名利,一直很受堂兄王敦喜爱,多次提拔重用他。但他在王敦死后的作为,颇遭时人议论。

其后,王敦党羽渐次平伏。

王敦和部下钱凤、沈充等人的首级被送到了建康。负责接收逆贼首级的官员认为,王敦试图篡位废君,罪恶滔天,应该剖棺戮尸示众。王敦的尸体被拖出棺材,衣服帽子被烧掉,半跪着受刑。随后,王敦的

---

[1] 《晋书》卷九十八《王敦传》,第 2565 页。

首级被悬挂在建康城南的朱雀航，供民众围观。

王敦首级悬挂出来后，没有人敢来收葬。尚书郗鉴向晋明帝进言，提出允许王家收葬王敦，以此弘扬皇恩。晋明帝下诏同意，王敦这才得以入土为安。

纵观王敦一生，功绩可圈可点，尤其他自渡江后坐镇长江上游，以富庶的荆州、江州为大本营，西拒巴蜀，北抗五胡，为司马睿重建晋廷提供了军事上强有力的保障。但也正是因此，造成了他凭陵晋室的形势，以至两次起兵反叛。

两次叛乱，后果迥异。第一次叛乱，他打着反对刘隗、刁协的名义，得到士族的普遍支持。因为士族在东晋有着特殊地位和权益，是不容皇权侵犯的。当这种平衡被打破后，王敦便成为士族的代言人，向皇权发出警告，并以士族的胜利收场。而王敦第二次叛乱，目的很明确，想取代司马氏而独吞江左，因此遭到了士族与皇族结盟的共同反对。

王敦一步错棋，毁掉了自己一生心血建立起来的功勋，也留下了一代逆臣的千古骂名。但其人磊落勇武的风采也得到了后世认可，宋代学者、苏轼的老弟苏辙就认为他与十六国时期的汉赵皇帝刘聪、后赵开国皇帝石勒和曾起兵叛乱的东晋将领祖约等人一样，"奸诈雄武，亦一世之豪也"①。

而在他死后，一些曾经与他有交往的人，也并不避讳赞叹其雄姿。

东晋永和三年（347）二月，东晋另一权臣桓温平定蜀地的成汉政权，在成汉末帝李势的宫殿里置办酒席宴请下属，巴蜀之地的官僚与士大夫都来参加聚会。桓温当着众人面纵论古今成败，评价用人得失，他的豪爽英姿和磊落气概，引来大家一致赞叹。酒席散了，大家还在回味他的言谈。这时候，曾经做过王敦属官的周馥发话了："遗憾的是你们

---

① ［宋］苏辙著，陈宏天、高秀芳点校：《苏辙集》，中华书局，1990 年，第 1254页。

没有见过王敦大将军啊。"（恨卿辈不见王大将军。①）

对于周馥的"犯上"，桓温并不恼恨，因为他自己也是王敦的粉丝。对于大自己 46 岁的王敦，桓温满怀倾慕。桓温外出经过王敦墓边，曾做出如此评价："可儿！可儿！"②

桓温认为王敦是令人满意的人。事实上，颇具野心的他，引王敦为同类，日后也有篡逆之举。而在东晋一朝，自王敦开权臣篡位僭越之举后，后继的野心家并不止桓温。

---

① 《世说新语笺疏》，第 708 页。
② 《世说新语笺疏》，第 553 页。

三、书圣王羲之:辞官隐居回归真我

以后世的知名度论,王羲之远在王导、王敦之上,是真正的东晋琅琊王氏第一人。他的书法造诣独步古今,被誉为"书圣",拥有包括梁武帝萧衍、唐太宗李世民、女皇武则天等在内的无数粉丝。

成为艺术家,本不是王羲之的人生追求。儿时沉默寡言的他,一度被认定为家族接班人,要接住父辈传递的荣耀与艰辛,承担起家族掌门人的重任。

01

人在家中躺,美女天上掉。少年郎王羲之的桃花运不期而至。

这一枝桃花是从将军郗鉴家里伸出来的。郗鉴的爱女郗璿,年方妙龄,正待字闺中,将军想给女儿找个好婆家。

好婆家的标准是什么? 首先家世要好。郗鉴自己的家世,其实并不好,虽说先辈出过封疆大吏,但到他父亲这一代已经完全没落。郗鉴没能沾到祖宗的光,也没得到父亲多少的疼爱,因为他的父亲很早就去世了。俗话说:上等人,自成人。郗鉴自己争气,长成了一个勇武的汉子,还努力帮衬村里的一堆穷亲戚。看重亲情、行事仗义的郗鉴,慢慢积攒起好声誉,并多次得到征召。但在城头变幻大王旗的西晋末年,郗鉴洁身自好,不肯出仕。后来,战火烧到郗鉴的家乡,他被乡亲们推举为首领,在峄山(今山东济宁邹城市)组织起一支部队,以抵抗贼寇。部队很快就上了规模,成为兖州举足轻重的一支武装力量。

郗鉴的崛起,引起了坐镇建康的琅琊王司马睿的注意并被拜为兖州刺史。但实际上，两人之间并无君臣之实，直到司马睿在建康称帝后，才正式诏郗鉴南下任职。南下的真正目的，君臣彼此心知肚明，"王敦专制，内外危逼，谋杖鉴为外援，由是拜安西将军、兖州刺史、都督扬州江西诸军、假节，镇合肥"①。司马睿需要借外力来制衡王敦。

制衡，就是要保持各方力量平衡。做儿女亲家，是保持平衡的上策之一。做事要核算成本，既然办个婚礼就能解决问题，何必要打打杀杀？

找老王家的人，当然先找脾气好的。郗鉴派人去了趟京师建康，找到王导，寻求一个女婿。听明白对方来意后，王导答应了。郗鉴是新贵，手握重兵，跟他做儿女亲家，不吃亏。王导让来人去自家东厢房，子侄辈都在那里，看上哪个选哪个。

郗鉴的手下到东厢房一看，眼前的王家子弟个个都不错，但是都有一些扭捏。原来，他们听说郗鉴派人来选女婿，感觉有点不好意思。来人再四处瞧瞧，看见东床卧着一个少年，光着肚皮泰然自若在那里吃东西，对眼前发生的一切毫不理会。

手下回去见郗鉴，将所见如实禀报。郗鉴听后，答了一句："就这个合适！"（正此好！②）这个是谁？再到王导家里一打听，正是王羲之。择个良辰吉日，郗鉴痛痛快快地把女儿嫁了。白手起家、摸爬滚打了大半辈子的郗鉴，看人有自己的标准。在王羲之身上，他依稀看见了自己的影子。

史书记载，郗鉴"少孤贫"③，王羲之当然不贫，但和郗鉴一样，他也很早就失去了父亲。王羲之的父亲名叫王旷，曾任淮南太守，与王导、王敦皆堂兄弟，兄弟几人当年曾一起力劝司马睿出镇建康。可惜的是，王旷在过江之后没多久就去世了。所以，王羲之一直依附父亲的兄弟

---

① 《晋书》卷六十七《郗鉴传》，第 1797 页。
② 《世说新语笺疏》，第 428 页。
③ 《晋书》卷六十七《郗鉴传》，第 1796 页。

和堂兄弟生活。从现有的记载来看，王羲之没有亲兄弟，当然，另一种可能是他们也去世得很早。

也许是因为寄人篱下，也许是天性如此，小时候的王羲之性格内向，笨嘴拙舌。但是王敦对这个笨侄子很疼爱，有一阵子，还特意把他接到自己身边，有意栽培。

性格内向，多半是因为自信心不足，需要多表扬："你是咱们家的好孩子，不比那位有名的阮裕差。"（汝是我佳子弟，当不减阮主簿。①）

不善言谈，必定是因为讲话机会少，王敦就创造机会，让他见场面让他发表见解。一次，王敦正在和王羲之聊天，王导、庾亮结伴而来。王导自不必说，跟王羲之是一家人，庾亮是正处在上升期的政治明星，他的妹妹嫁给了元帝司马睿的儿子，也就是后来的晋明帝司马绍，而他自己也在日后取代王导，继"王与马，共天下"之后，开创了"庾与马，共天下"的政治格局。两位朝廷大员同时登门，自然是有重要的事情要和王敦商谈，小孩子王羲之赶紧知趣地告退。王敦拦住了他，说："你家的司空和元规来了，都是熟人，有什么好回避的，留下来，一起聊。"（尔家司空、元规，复何所难？②）这句话中，用王导的官职代指其人，以示敬意，用庾亮的字元规称呼其人，同样是出于敬意。

看到王羲之行为举止有些扭捏，王敦就用军旅生活锤炼他，带他同吃同住，体验戎马倥偬。为了获得军旅体验，王羲之还差点丢了命。有一次，王敦带堂侄同宿，醒后见堂侄还在酣睡，就自己掀帐子先起床。过一会儿，王敦的手下钱凤进来了，两人偷偷摸摸谈起了工作。谈工作为什么偷偷摸摸？原来他们是在密谋造反。王羲之醒来，听到帐子外面的谈话内容，顿时惊呆了。他知道，自己听了不该听的惊天密谋，杀伐决断的堂伯父肯定会对自己痛下杀手。怎么办？王羲之计上心头，像喝醉了酒那样呕吐一番，吐得满头满脸满被褥，然后继续装睡。王敦

---

① 《世说新语笺疏》，第 539 页。
② 《世说新语笺疏》，第 972 页。

和钱凤谈到一半,突然想起帐子里还有个人。谋反的秘密要是泄露出去,那就完蛋了。王敦赶紧过来打开帐子,一看,满床狼藉,王羲之还在昏睡。王羲之就此躲过一劫。

这个故事另有一个版本,床上的孩子叫王允之,是王羲之的一位堂兄弟。无论真相如何,可以肯定的是,王羲之对王敦谋逆是持反对意见的。但在孩提至少年时代,他确实曾得王敦颇多赞誉与栽培。

长期跟随长辈和各位堂兄出入世家大族官邸,王羲之渐渐褪去了涩滞木讷,显露出了独具魅力的个人风采。最早赏识他的,除了老王家自己人,还有周𫖮。

有一回,王羲之到周𫖮家里去做客,因为年纪小名望轻,所以只能坐在末座。周𫖮留心观察这个年轻人,觉得他很不错,于是割了牛心给他吃。在当时的人看来,牛心是贵重的食物,周𫖮此举,是公开抬爱王羲之。消息传开,外人渐渐对王羲之另眼相看。

王羲之这一辈子,为他打评语的人不在少数。

庾亮认为他是值得全国人民都推戴的人才。(逸少国举。①)

扬州刺史殷浩夸王羲之气质尊贵显要,看待问题见解高明,还说自己对他情义深至,一时间没有人能比得上他。(逸少清贵人。吾于之甚至,一时无所后。②)

阮裕也对王羲之感到很满意,他认为琅琊王氏有三位有作为的年轻人,即右军、安期和长豫。右军是王羲之的军职,安期是王应的字,长豫是王悦的字。王家的三位年轻人都不错,但在阮裕心中,显然王羲之比他的两位堂兄弟更优秀,所以把第一的位子给了他。

冉冉升起,辉耀四方,舞台的追光罩住了王羲之。

---

① 《世说新语笺疏》,第 548 页。
② 《世说新语笺疏》,第 554 页。

02

　　王羲之步入仕途，是从出任秘书郎开始的。

　　魏晋以来，秘书郎是世家大族起家之官，负责整理典籍、考核旧文、删省浮秽，官居六品。世家子弟需要在这个比较低的职位上历练一番，才能有机会升迁。

　　随着王羲之与堂兄弟们日渐成熟，东晋琅琊王氏的第一代正在走向谢幕。先是王敦兵败病死，然后朝政大权从王导手中渐渐滑落。晋明帝死后，王导受命与庾亮共同辅佐新帝，两位顾命大臣的矛盾迅速公开化，国舅庾亮渐渐占了上风。庾亮虽然与王导不合，但他并不掩饰对王羲之的欣赏，请他去做自己的参军，后来又升为长史。

　　夹在上司庾亮和堂伯父王导之间，王羲之小心翼翼地周旋。他的周旋，显然从某种程度平衡了庾、王两人的矛盾。

　　有一段时间，占据上游荆州的庾亮，打算联络据守下游京口的郗鉴，起兵讨伐王导。王导闻讯，赶紧召王羲之回京师，但王羲之冷静地拒绝了。讨伐最终因郗鉴的反对而流产，却让庾亮对王羲之更增好感。不久，王导、庾亮先后去世。庾亮临死前上书朝廷，极力推荐王羲之，王羲之获升宁远将军、江州刺史。

　　江州北当长江中流，南尽赣、闽，地属要冲，江州刺史的地位逊于扬州刺史和荆州刺史，这一地区也时而归扬州时而归荆州统辖，但江州刺史无疑是地方大员，这也是王羲之一生当中真正手握重权的职位。

　　在江州刺史任上，朝廷有意召王羲之为侍中、吏部尚书。这两个职位都是中央大员，一旦接受就意味着从地方进入了朝廷权力中枢，中央起仕—地方历练—回归中央，一条康庄大道摆在了王羲之眼前。他的好友、正受朝廷信用的荆州刺史殷浩，几次三番殷切地劝他接受，他却屡辞不就。

　　王羲之为什么不肯到中央任职？从他与殷浩的书信往来，可以窥见原因。

殷浩写信劝王羲之赴中央任职,他如此写道:"许多人认为,您做官和隐退足以显示国家政治的兴衰,我也认为是这样。既然您的做官与退隐关系到国家的兴衰,怎么能置国家存亡于不顾,而去做逍遥自在的世外人士呢?"(悠悠者以足下出处足观政之隆替,如吾等亦谓为然。至如足下出处,正与隆替对,岂可以一世之存亡,必从足下从容之适。①)

殷浩这顶帽子扣得很高很大:您有经世济民的才能,国家需要您,但您躲在偏远的地方逍遥自在,置国家利益于不顾。

王羲之接到信,赶紧申辩:"吾素自无廊庙志,直王丞相时果欲内吾,誓不许之,手迹犹存,由来尚矣,不于足下参政而方进退。自儿娶女嫁,便怀尚子平之志,数与亲知言之,非一日也。若蒙驱使,关陇、巴蜀皆所不辞。"②他提到了曾拒绝王导召他到中央的旧事,表明自己并不是非要和殷浩拧巴着干。他还说,自从儿女成人后,就打算退隐山林。如果国家需要,可以派他前往关陇、巴蜀之地宣扬晋朝皇帝的天威,他将在所不辞。信的结尾,王羲之大义凛然地表示,初冬季节,他就可以北上或西去,必定不辱使命。

王羲之铁了心不肯来中央,朝廷遂拜王羲之为护军将军,后又拜右军将军、会稽内史。王羲之虽然名义上是将军,但实际上是虚衔,相当于后世流行的文职将军,并非领兵打仗的实职。王羲之正儿八经的新职务,是会稽内史,那里有山水林泉之美,对王羲之来说,是很理想的去处。

那么,王羲之想要军事实权吗?似乎并不想。从小夹在王敦、王导、庾亮、郗鉴一众大佬之间,看多了大佬们一言不合就陈兵布阵,王羲之早就受够了。不仅希望晋廷内部能停止武力争斗,他还希望朝廷能实行对外和稳的政策,先谋求东晋国内的政通人和,再做他图。

---

① 《晋书》卷八十《王羲之传》,第 2094 页。
② 《晋书》卷八十《王羲之传》,第 2094 页。

王羲之的政治理念，颇似其堂伯父王导。但遗憾的是，王家第二代里，并没有一位类似王敦那样的人物，能以武力威慑保障他的文治理念被实施。

当时，占据长江上游的桓温成为东晋帝国新的军事寡头，治下有八州之地，并自行招募军卒、调配资源，形成半独立状态。渐露不臣之心的桓温，上书朝廷意欲北伐。如果桓温北伐得势，晋廷将再也无法辖制他。但如果朝廷白纸黑字下诏阻止桓温北伐，就相当于把"克复神州"的最高纲领丢在一边，有违东晋立国的政治基础。

于是，殷浩适时出场了。为制衡桓温，殷浩以总指挥的身份受命北伐。王羲之非常了解殷浩，他是一介文人，写诗著文清谈是高手，却未必会调兵遣将。王羲之不赞成殷浩北伐，认为必败无疑，这其实也是他拒绝殷浩召他到中央任职的重要原因。他冒着背锅担骂名的危险，写信阻止殷浩，言辞恳切。但劝说显然是徒劳的，殷浩率兵北伐，果然被后秦姚襄大败。

殷浩决意再次北伐，王羲之亦再次劝阻。王羲之认为，依照当时的情况，晋军败绩，内部财资匮乏，可能连淮水都守不住了，不如退保长江。他希望殷浩能承认自己的过失，不要再执念北伐，当下要做的，是召集贤达之士共谋治国兴邦，减免苛捐杂税，带领天下百姓从头开始复兴国家，唯有如此，才可能摆脱即将覆亡的危险。

但殷浩不听劝阻，他别无选择，像是跨上了一匹受惊的骏马，向着毁灭疾驰而去。两年间，殷浩数次北伐，屡次战败。永和十年（354），桓温上奏朝廷，列举殷浩罪状，迫使朝廷将殷浩废为庶人。

殷浩的结局，被王羲之不幸言中。而他的倒台，也让王羲之失去了一个重要的政坛盟友。

从儿时寄身王敦、王导两位堂伯父身边，到青年出仕，壮年外任，王羲之的人生轨迹，渐渐偏离了朝廷的权力中枢。

尽管处于权力的边缘地带，但王羲之并没有放弃自己的政治追求。他的政治追求，是想干点利国利民的实事。会稽（今浙江绍兴）正是那个他认为可以施展抱负的好地方。

老王家与会稽有缘。早在咸和元年（326），王羲之的另一位堂伯父（或堂叔父）王舒，就曾出任会稽，官职也是会稽内史。那时，王敦已死，权力受到重挫的王导，将堂弟王舒安置到了会稽。对于曾经镇守荆、湘重地的王舒而言，这无异于贬谪。

但这正是王导的委曲之策。会稽是战略后方，不易引起朝廷猜忌；那里又是新近崛起的经济中心、战略后方，可谋取补充物资钱财；此外，会稽离建康较近，属于东南门户，对拱卫京师具有重要意义。

委曲一生的老政客王导，并未能在他生命最后的岁月里，将琅琊王氏重新带上权力顶峰，但他的确用自己的智慧为子孙后代留下了一片尚可进退的空间。

03

循着王舒的足迹，王羲之来到了会稽。他官居内史，实际职权相当于太守，是一郡最高的行政长官。为政一方，王羲之铺开了自己的蓝图。

为政之道，先从民生开始。王羲之任职会稽期间，曾遇晋帝国的东部地区遭到饥荒，他多次开仓，赈济灾民。当时朝廷赋税徭役繁重，作为晋帝国经济中心的江东吴越之地尤甚，王羲之于是常常上书朝廷，请求减免赋役，也多被朝廷接受。

王羲之知道，他实行的这些举措只能治标不能治本。他清醒地认识到，百姓日子过得苦，经济发展遭遇困难，最重要的原因在于缺乏劳动力。劳动力去哪儿了，大多被征去服兵役，战死疆场了。部队需要补充兵源，只能到各地抢夺青壮劳力，被强征去服役的百姓在路上纷纷逃亡，押送的官吏也畏罪逃走。按照当时的规定，这种情况下，逃亡者的家人及邻居负责捕捉逃亡者，一旦捉不到，他们也离家逃亡。另外，还有那些工匠、医师、僧人，也都门户空虚，可上方仍不断下令从他们当中强拉人去服役，以应付官差。

怎么解决劳动力短缺的问题？王羲之提出具体的应对办法：那些定了死罪而被赦免的人，可以充军服兵役；判五年徒刑的囚犯，可补充进工匠医师等行列，并把他们的家庭迁到城市，用来充实城市。

作为地方的行政长官，王羲之还将工作重点放在肃清吏治上。他具体提出了三点做法。

其一，惩治贪官污吏。例如，他发现，管粮仓的督监私吞国家粮米，数量巨大，针对这种情况，他果断提出，应当诛杀首犯，予以震慑，从而杜绝此类现象发生。

其二，精简政府机构，裁撤冗员。自王羲之担任会稽内史以来，每天接到无数公文来函，这些文件内容常常颠倒错乱甚至互相矛盾。他把这些文件分门别类，一件件交派给下级部门，下级部门再继续交给基层的官吏去处理。最后的结果是，上级只管拼命发文，基层人员负重不堪，耗费大量精力，工作却没有成效。为改变这一现状，王羲之提出，为政简要，易于执行，才能成就国家基业。（思简而易从，便足以保守成业。①）

其三，政府抓大放小，放权给地方，并实行有效的考核。王羲之发现，有一些事关国计民生的工程，长期拖延不成。以漕运为例，虽然上级政府一再催促，但收效甚微。王羲之提出朝廷应严格限定期限，然后把具体事情交托给主管官吏，到年终对他们进行考核。主管官吏表现特别差的，发送司法部门治罪；如果管辖范围内有三个县不合格的郡守，可以降薪、免职，或者贬官下放到边远艰苦地区，以示惩戒。

王羲之提出的这些办法，都很务实，且极具操作性，但显然触犯了一群既得利益者，遭到了自上而下许多官员的强烈反对。性格清高孤傲的王羲之，并不在意这些反对的声音，但这些舆论带来的杀伤力很快应验了。

---

① 《晋书》卷八十《王羲之传》，第 2098 页。

　　王羲之一直瞧不上一个人，这人叫王述。王述祖上出自太原，称太原王氏。如果向前追溯，琅琊王与太原王同出一脉，但到王羲之这一代，两个王早已分支绵延多代，各自为"王"。王述小时候，家境贫寒，在琅琊王氏领头人王导的提携下，得以步入仕途，并逐步上升。

　　王述其人脾气急躁、性格粗鲁，行事做派完全不合当时的潮流，也不合崇尚名士风度的王羲之的眼缘。王述性子有多急？别人吃鸡蛋，必定要先剥壳，他不，直接拿筷子戳，戳不开，很恼火，把鸡蛋拿起来往地上一扔。鸡蛋在地上咕噜噜滚，他抬脚去踩，想用木屐把蛋踩破，结果没踩到。他气得怒目圆睁，火冒三丈地把鸡蛋捡起来，丢进嘴里，咔嚓嚼破，立刻吐掉。

　　王羲之听说这事以后，乐不可支，背地里拿人家开涮："即使王安期有这样的脾气，也实在不值一提，何况是王蓝田呢？"（使安期有此性，犹当无一毫可论，况蓝田邪？[①]）这里的安期，不是王羲之的堂兄弟王应，而是王述的父亲王承，王承的字也是安期；王蓝田则指王述，王述袭爵蓝田侯，得此称谓。王羲之笑话王述也就罢了，连带人家老爸也一起贬损，话传到王述耳朵里，搞得人家心情很不好。

　　王述虽然性格粗鲁急躁，但是颇谙官场之道，仕途相当顺利，而且随着历练升迁，他的性格也日渐稳重沉静。与他相反，王羲之的仕途，虽然起步不低，但正像我们知道的那样，后面的发展并不顺利，明眼人早就看出来，他即将被王述赶上。

　　王羲之高职低就，调任会稽，接的就是王述的班。王述为什么离任？因为他母亲去世了，当时的规制，母亲去世，儿子需要在家服丧三年。按理来说，王羲之到会稽来当官，应该去王述家里吊唁，但他硬是忙得抽不开身。王述眼巴巴等着王羲之来慰问自己，每次听到有人来，就以为是王羲之，殷勤打扫准备接待。但这份殷勤，仍旧没能等来王羲之。

---

①　《晋书》卷八十《王羲之传》，第588页。

关于这件事,史书里还有一个版本。说王羲之三番五次表示要去王述家吊唁,但只说不干。后来他终于去了,却是从后门进去的。那边王述知道王羲之来了,赶紧扯开嗓门大哭,这是表达失去母亲的悲痛,也是当时的礼仪需要。孝子在大哭,王羲之却不上前安慰,自顾自回去了。

这个版本听上去疑点重重,但不管此事的细节究竟如何,两人的矛盾确实进一步加深了。尤其是王述那边,心里攒了满箱满柜子的仇恨。

王羲之依旧瞧不上王述,当时的人们好清谈议论,品评别人,他常在朋友宾客前如此评价王述:最多只能做个尚书而已,到晚年可做个仆射;再想谋求会稽这块宝地,恐怕就难喽。

王羲之错了。也搞不清王述是怎么运作的,总之服孝期满后,居然升任扬州刺史。扬州刺史,是会稽内史的直属上司,就职前,王述走遍会稽郡,与老同事老部下告别,唯独不理睬王羲之,临到出发才来与他虚伪地客套一番。这种低调的炫耀,把王羲之噎得够呛。他觉得做王述的下属简直是侮辱自己的人格,于是派人到朝廷中央,说了一通冠冕堂皇的理由,请求把会稽郡改为越州,以脱离扬州管辖。结果派去的人缺心眼,说漏了嘴,道破了真相。此事一时间沦为人们的笑料。

隐忍了这么多年,终于等来打击报复的好机会,王述绝对不会放过。他派人去检查会稽郡的刑罚与政令实施情况,还指示人罗列王羲之的所谓不法行为。

上司想整你,借口多的是。王羲之对这些检查疲于应对,羞愤交加。他终于被这最后一根稻草压垮了。永和十一年(355),疲惫不堪的王羲之称病辞职,并到双亲墓前祭扫发誓,决定从此远离官场,做一个笑傲山水的清净人。那些家族荣耀,那些强求不来的名利,就此别过。

04

流连山水,是王羲之毕生最爱。对于大多数中国人来说,理解流连山水的王羲之,离不开千古名篇《兰亭集序》。

那是永和九年(353),王羲之还在会稽内史任上,他邀请志同道合的朋友们在会稽山阴的兰亭聚会饮酒,并作《兰亭集序》阐述志趣:

> 永和九年,岁在癸丑,暮春之初,会于会稽山阴之兰亭,修禊事也。群贤毕至,少长咸集。此地有崇山峻岭,茂林修竹,又有清流激湍,映带左右,引以为流觞曲水,列坐其次。虽无丝竹管弦之盛,一觞一咏,亦足以畅叙幽情。
>
> 是日也,天朗气清,惠风和畅,仰观宇宙之大,俯察品类之盛,所以游目骋怀,足以极视听之娱,信可乐也。
>
> 夫人之相与,俯仰一世,或取诸怀抱,悟言一室之内,或因寄所托,放浪形骸之外。虽趣舍万殊,静躁不同,当其欣于所遇,暂得于己,快然自足,不知老之将至。及其所之既倦,情随事迁,感慨系之矣。向之所欣,俯仰之间,已为陈迹,犹不能不以之兴怀。况修短随化,终期于尽。古人云,死生亦大矣,岂不痛哉!
>
> 每览昔人兴感之由,若合一契,未尝不临文嗟悼,不能喻之于怀。固知一死生为虚诞,齐彭殇为妄作,后之视今,亦犹今之视昔,悲夫!故列叙时人,录其所述,虽世殊事异,所以兴怀,其致一也。后之览者,亦将有感于斯文。[1]

这篇千古美文,值得另开篇章,细细品读,在这里就不展开了。《兰亭集序》写成之后,有人以石崇《金谷诗序》(亦称《金谷诗叙》)与之相

比，将王羲之与石崇相比，据说王羲之听后大感快意。

石崇，西晋首富，也是著名的文学家，他的私家园林名金谷园，豪华无比，冠绝时辈。西晋元康六年（296），石崇在金谷园举办宴会，邀集苏绍、潘岳等三十多位名士，昼夜游宴，饮酒赋诗，集诗成册，石崇作序，即著名的《金谷诗序》：

> 余以元康六年，从太仆卿出为使，持节监青徐诸军事、征虏将军。有别庐在河南县界金谷涧中，或高或下，有清泉茂林，众果竹柏，药草之属，莫不毕备。又有水碓、鱼池、土窟，其为娱目欢心之物备矣。时征西大将军祭酒王诩当还长安，余与众贤共送往涧中，昼夜游宴，屡迁其坐。或登高临下，或列坐水滨。时琴瑟笙筑，合载车中，道路并作。及住，令与鼓吹递奏。遂各赋诗，以叙中怀。或不能者，罚酒三斗。感性命之不永，惧凋落之无期。故具列时人官号、姓名、年纪，又写诗著后。后之好事者，其览之哉！凡三十人，吴王师、议郎、关中侯、始平武功苏绍字世嗣，年五十，为首。①

从金谷园到兰亭，从中原洛阳到浙东会稽，从西晋元康到东晋永和，两场不同时空的聚会，成为两晋最轰动的文化事件，为后人留下了无与伦比的风流画卷。王羲之以韵味无穷的文字，完成了对石崇的跨时空挑战。王羲之的清幽淡远，石崇的倨傲狂放，一南一北，形成鲜明对比，又彼此和谐映照。"南兰亭，北金谷"，一时传为美谈。

然而，斗转星移，就连王羲之本人大概也不曾想到，经过时光的淘洗，"金谷"渐被忘却，"兰亭"依旧辉耀世间。王羲之以后 700 年，另一位文化大咖苏东坡，曾对"南北二会"做过极具个性的点评。他认为，金谷之会的那些所谓名士，皆趋炎附势之人；石崇和王羲之比起来，就像是嚣张凶暴的鸥鸢与志向高远的鸿鹄相比。（金谷之会，皆望尘之友

---

① 《世说新语笺疏》之九《品藻》五十七刘孝标注，第 628 页。

也。季伦之于逸少,如鸱鸢之于鸿鹄。①)

苏轼瞧不起那些围绕在石崇身边的人,其实也是在称赞赴兰亭集会的那些人。他们是谁呢? 有当时的名士孙绰、李充、许询等人,亦有高僧支遁,个个都擅长妙手著文章,在会稽的山水间筑屋安居,酬唱往来,其乐陶陶。

自永和六年(350)至升平五年(361),王羲之在会稽居住了十多年,这也是他生命的最后岁月。他是艺术家,是文学家,是书法家,是父母官,是隐士,也是一个儒雅可爱随性的老头儿,留下了许多有趣的故事。

王羲之喜欢鹅,会稽有一位独居的老妇人,饲养了一只鹅,善于鸣叫。王羲之就想托人帮自己买下这只鹅,可惜未能如愿。他并不以自己的身份强取豪夺,而是带着亲朋好友坐车前去观赏。老妇人听说王羲之要来自己家,特别高兴,为了好好招待王羲之,就把鹅杀了。王羲之为此叹息哀伤了好多天。

山阴(今浙江绍兴)有个道士,养着一群鹅,王羲之跑去观赏,非常喜欢,强烈要求买下来。道士提出条件,如果为他写《道德经》,就把鹅送给王羲之。王羲之欣然应允,写完后,快快活活地把一群鹅带回了家。

王羲之在戢山看到一位老妇人,手里拿着六角扇在叫卖,可惜久售不出。王羲之就在每把扇上写了几个字,老妇人有些生气,担心这些扇子更没有人肯买了。王羲之告诉老妇人,只要说是王右军写的,就可以卖个高价钱。老妇人照他说的去叫卖,扇子被抢购一空。尝到甜头的老妇人,带着扇子辗转找到王羲之,请他再写一些扇面,王羲之只是笑而不答。

一位出生于士族豪门的大人物,与黎民百姓如此平等互动,留下许

---

① [宋]苏轼著,李之亮笺注:《苏轼文集编年笺注》,巴蜀书社,2011 年,第632 页。

多充满人情味的故事传说，这也是王羲之在后世获得广泛爱戴与尊敬的重要原因。苏东坡为何贬低石崇、抬高王羲之，无须多做解释。

05

有一种说法，王羲之喜欢鹅，是因为他从鹅的形态，领悟了书法的奥秘所在。

书圣，这是中国人集体赋予王羲之的称谓。楷书《黄庭经》《乐毅论》，草书《十七帖》，行书《姨母帖》《快雪时晴帖》《丧乱帖》《兰亭集序》《初月帖》……任何一篇都令人心驰神往，其中《兰亭集序》尤为历代书法家所敬仰，被誉为"天下第一行书"。

王羲之与书法的缘分不浅。琅琊王氏，几乎人人善书，王羲之从小深受影响，字写得很漂亮。十二岁的时候，他偷看到父亲秘藏的《笔说》，这部奇书抑或奇文的原貌，现在已不得而知，但可以推断，它应是当时书法技艺与理论的集大成者，即使在当时，也流传甚少，至为珍贵。父亲发现了王羲之的行为，问他为什么偷看，王羲之笑而不答。母亲又问他，是不是在看笔法。父亲觉得儿子年龄太小，不可能懂如此深奥的技艺与理论，于是提出等王羲之长大成人，再传授他。已初得书法真昧的王羲之，却立刻拜请父亲从当天就开始教自己。在父亲的指导下，王羲之的书法"不盈期月，书便大进"①。

父亲去世后，王羲之在书法上转益多师，先后跟随叔父王廙、从兄王洽、姨母卫夫人等人学习，又受到前人李斯、曹喜、钟繇、梁鹄、蔡邕等人书法的陶冶，博采众长，最终形成了自己的风格。

王羲之的夫人郗璿也写得一手好字，老丈人郗鉴的书法，更是有超拔之气，令人赞叹。与高手们砥砺切磋，王羲之的书法技艺渐至炉火纯

---

① ［宋］李昉等：《太平广记》卷第二百七《书二》，中华书局，1961 年，第 1579 页。

青。时人对他的书法给予极高评价："飘如游云,矫若惊龙。"①

庾亮的弟弟庾翼,书法造诣也很深厚,他早年的书法功力在王羲之之上,但王羲之后来居上。庾翼看到王羲之写给哥哥庾亮的书信后,惊为天人之作,立刻给王羲之修书一封表达敬意,他说自己早年有十张"草圣"张伯英的章草真迹,过江时颠沛流离,全都弄丢了,时常感叹绝妙真迹就此失传,但是看到王羲之的那封书信,满纸光彩夺目,就仿佛先前的奇观重现。(吾昔有伯英章草十纸,过江颠狈,遂乃亡失,常叹妙迹永绝。忽见足下答家兄书,焕若神明,顿还旧观。②)

王羲之的书法,的确是神一样的存在,就连后世的历代帝王,也不乏他的粉丝。

梁武帝萧衍,是著名的艺术家皇帝,文学、音律、书法兼通。他发动人广泛搜集王羲之的书法作品,对它们进行整理和鉴别。

唐太宗李世民,也是一位书法水平高超的帝王。在忙着处理国家大事的空档,他经常临摹王羲之的书作,还出重金遍寻天下,查找王羲之的真迹。古往今来的众多书法家,他只服王羲之,"心慕手追,此人而已。其余区区之类,何足论哉"③! 也正是在他的极力推动下,王羲之"书圣"的地位得以确立。

唐初,房玄龄等编著《晋书》,轮到给王羲之立传,唐太宗亲自上阵,合作完成了《王羲之传》。唐太宗实在痴迷王羲之的书法,以至把"天下第一行书"《兰亭集序》真迹带入了自己的陵墓,后人再也无缘见到。

女皇武则天,也是王羲之的粉丝。武则天是中国古代唯一的女皇,她的其他出众之处,都掩盖在女皇的光环之下了。实际上武则天的书法造诣很高,不仅善书,也像她的前辈同行萧衍和李世民一样,热衷于收集名家名品。她从王羲之的后人处得到王羲之真迹后,视为珍宝,常

---

① 《世说新语笺疏》,第 733 页。
② 《晋书》卷八十《王羲之传》,第 2100 页。
③ 《晋书》卷八十《王羲之传》,第 2108 页。

常研习品鉴。值得称赞的是，在对待老王家传世珍宝的方式上，女皇的做派和气度远在李世民之上。她命人根据真迹制成摹本，然后将真迹还给了王家。这个著名的摹本，就是《万岁通天帖》。

帝王热爱王羲之，文艺家们更热爱王羲之。

南朝书法家羊欣《笔阵图》记载了一个关于王羲之书法的故事："晋帝时，祭北郊文，更祝版，工人削之，笔入木三分。"①皇帝去北郊祭祀，需要更换木板上的祝词，那木板上的字，是王羲之写的，工人把字削掉，发现笔力入木三分。后世的成语"入木三分"，就源于此。

南梁名臣、书法理论家袁昂评价王羲之的书法"字势雄强，如龙跳天门，虎卧凤阁"②，他号召把它们当成宝贝，一代代传之后世，"历代宝之，永以为训"③。

南梁文学家、书法理论家庾肩吾用了一连串夸张的说法来形容王羲之的书法："若探庙测深，尽形得势，烟华落纸将动，风彩带字欲飞，疑神化之所为，非人世之所学。"④

唐代书法家孙过庭评王羲之："且元常专工于隶书，百英尤精于草体，彼之二美，而逸少兼之。"⑤他认为王羲之的书法兼具钟繇的隶书之美与张伯英的草书之美，是美的集大成者。

现代著名学者、书法家沈尹默，以学者的严谨分析王羲之书法卓越的原因所在："他不曾在前人脚下盘泥，依样画着葫芦，而是要运用自己的心手，使古人为我服务，不泥于古，不背乎今，才算心安理得。他把平

---

① ［宋］李昉等编：《太平广记》卷二百七《书二》，中华书局，1961 年，第 1579 页。

② ［清］严可均：《全上古三代秦汉三国六朝文》全梁文卷四十八《袁昂评书》，中华书局，1958 年，第 6458—6459 页。

③ 《全上古三代秦汉三国六朝文》全梁文卷四十八《袁昂评书》，第 6459 页。

④ 《全上古三代秦汉三国六朝文》全梁文卷六十六《庾肩吾书品论》，第 6687 页。

⑤ ［清］董诰等编：《全唐文》卷二百二《孙虔礼书谱》，中华书局，1983 年，第 2043 页。

生从博览所得秦汉篆隶的各种不同笔法妙用,悉数融入真行草体中去,遂形成了他那个时代最佳体势,推陈出新,更为后代开辟了新的天地。这是王羲之'兼撮众法,备成一家'因而受人推崇的缘故。"①

永和十一年(355),世间少了一位郁闷不得志的官员,但一位独步古今的书法家,从此卸下了蒙在自己脸上的面具。

---

① 沈尹默:《二王书法管窥——关于学习王字的经验谈》,《中国书画家》2013年第 9 期,第 71 页。

四、多情王献之：至死不忘心头白月光

王羲之与王献之，中国文化史上最著名的一对父子，因高超的书法技术而并称"二王"。又因为两人的名字都带有一个之字，也偶尔被误当作兄弟俩。

与父亲相比，王献之活得更洒脱任性。他身上被贴了很多标签，狂傲、病弱、情种、离过婚、喜欢胡乱吃药……标签有真有假，但看上去都与他艺术家的身份颇吻合。实际上，他还有另外两个常常被忽略的如假包换的标签：驸马爷、皇帝的老丈人。

01

王献之是典型的贵公子，他年轻的时候就很有名，超凡脱俗，放达不羁，虽然一天到晚在家闲着，但形貌举止并不显得懒散，才华气度超过同时代人。（献之字子敬。少有盛名，而高迈不羁，虽闲居终日，容止不怠，风流为一时之冠。[①]）

这个评价相当高，但过于笼统。王献之究竟是一个什么样的人？先来通过几件小事了解一下。

年数岁，尝观门生摴蒱，曰："南风不竞。"门生曰："此郎亦管中窥豹，时见一斑。"献之怒曰："远惭荀奉倩，近愧刘真长。"遂拂衣

---

① 《晋书》卷八十《王献之传》，第 2104 页。

而去。①

　　王献之几岁大的时候，曾观看家里的门人玩樗蒲赌博，这是当时流行的一种棋类游戏，有点像今天的飞行棋。既然是赌博，自然有胜有负，聪颖的王献之看出了门道，点评一句："南风不竞。"这句话，源于一个典故，春秋时期的音乐家师旷，能通过音乐测出来自南方的楚军士气不振、缺乏战斗力。观人游戏的王献之，预判出了输家，于是借典故点评了一句。

　　小娃娃懂什么？门客不以为然，说王献之是管中窥豹，并不明白对弈双方的棋局进展。这句带有明显轻视意味的话，惹恼了王献之，他瞪起眼睛回一句："远惭荀奉倩，近愧刘真长！"荀奉倩即荀粲，三国时期的魏人，玄学家，个性简贵，声望很高。刘真长即刘惔，东晋名士，深受时人称誉。王献之话中有话：比我高明的人，远的是荀粲，近的是刘惔，你们这些无名小卒，哪配这样讲话。

　　小时候的王献之傲气十足，成年后依然如此。

　　王献之经过吴郡（今江苏苏州），听说当地人顾辟疆有一座漂亮的私家园林，本来跟人家素不相识，但他坐着轿子大摇大摆就进去了。当时，顾辟疆正在园子里与宾朋好友聚会，王献之像没看见一样，自顾自逛，逛完还要点评一番。这个无礼的闯入者，把主人气得够呛，咬牙切齿地指责："傲主人，非礼也；以贵骄士，非道也。失是二者，不足齿之伧耳！"②

　　"伧"，指粗俗鄙陋之人，是当时南方人对北方人的蔑称。顾辟疆显然气坏了，嘴里一点儿也没客气。但是，他拿王献之还是不敢怎么样，只把气撒在王献之的左右随从身上，把他们赶出了门。王献之不屑于跟顾辟疆吵架，但左顾右盼间，发现自己的随从不见了，只好勉为其难

---

　　① 《晋书》卷八十《王献之传》，第 2104 页。
　　② 《晋书》卷八十《王献之传》，第 2105 页。

开口让顾辟疆差人将他送出门去，脸上仍旧是一幅傲慢不在乎的样子。

面对门第相对较低的南方贵族，王献之充分彰显了自己的高傲。面对位高权重的顶头上司谢安，王献之也不改本色。

东晋太元年间，王献之被谢安辟为长史。当时的谢安，都督扬、豫、徐、兖、青诸州军事，并掌控强悍的北府之兵，可谓权倾朝野。太元三年（378），新皇宫建成，宏伟壮丽的太极殿需要题写匾额，谢安想到了王献之，但又不好意思直接开口。王献之虽然是谢安的下级，但他出自累世贵胄的琅琊王氏，对他来说，书法只是一种私人爱好，写与不写，全凭自己开心。如果谢安以上级的身份要求他题写匾额，那就相当于拿他当技工，有点不尊重他了。

于是，谢安先试着探探王献之的口风，他讲了这样一个故事：曹魏时期，陵云殿匾额还没题写，就被工匠们钉了上去，取不下来，只好让韦仲将站在高高的凳上书写匾额。等匾额写完，韦仲将头发都变白了，衰老得仅剩一口余气。他回到家后告诉晚辈们，此后再也不能这么干了。（魏时陵云殿榜未题，而匠者误钉之，不可下，乃使韦仲将悬凳书之。比讫，须鬓尽白，裁余气息。还语子弟，宜绝此法。①）

谢安的潜台词，王献之自然明白。他正色回答："怎么可能让堂堂一位大臣去干这种事，若果真如此，就知道魏国的国运为什么不长了。"（仲将，魏之大臣，宁有此事！使其若此，有以知魏德之不长。②）

谢安是个明白人，于是不再强迫王献之题字。

这件事在《世说新语》中的版本，要更戏剧化一些，据说谢安一开始直接派人将做匾的木板送给了王献之。王献之得知领导给他布置了这么个任务，脸色很不好看，对来人说："就扔在门外面（可掷著门外③）。"谢安左等右等，见匾额一直没题写好，这才有了后面劝王献之的那番

---

① 《晋书》卷八十《王献之传》，第 2105 页。
② 《晋书》卷八十《王献之传》，第 2105 页。
③ 《世说新语笺疏》，第 400 页。

话,也才有了王献之冷静又不乏锋芒的拒绝之辞。

骄傲的王献之,永远都是一副不急不躁、沉得住气的样子。

有一天夜里,王献之睡在书房里,一群小偷潜入房中,把室内能偷的东西都收拾起来,准备跑路。小偷正在认真工作,冷不丁听到那个躺着的人慢条斯理地说:"小偷呀,那条青色毛毯是我家祖辈留下的旧物,请留下它。"(偷儿,青毡我家故物,可特置之。①)

这句淡定自若的话,把小偷吓得落荒而逃。

高迈不羁的王献之,获得了同时代诸多人的赞誉。善于识人的谢安一直对他赞誉有加:"阿敬近撮王、刘之标。"②王献之字子敬,这句话里的"阿敬"即指王献之;这句话里的"王",指王濛,"刘"指刘惔,两人都是东晋名士,声望很高。谢安认为,王献之身上聚集了王濛和刘惔两人的格调。

谢安与王献之的父亲王羲之是好友,对王羲之的几个儿子也都熟悉。谢安对王献之的评价,建立在他对一众东晋名士了解的基础上,也建立在与王家几位公子多次接触的基础上。

有比较才有鉴别,在风流俊雅的王家儿郎里,谢安也最看好王献之。有一次,王献之与王徽之、王操之两位兄长同去拜访谢安。当时谢安那里正好有别的客人,大家就一起聊天。王徽之和王操之,话比较多,说的都是些家常俗事;王献之话不多,简单问个好之后,就不开口了。拜访结束,兄弟三人先行离开。那位客人和谢安之间展开了一段对话。

客人问,琅琊王家的三位贤公子哪位最好?谢安认为年纪最轻的王献之最好。谢安为什么下此结论?因为在他看来,完善之人的言辞少而精,浮躁之人的言辞多而杂。(既出,坐客问谢公:"向三贤孰愈?"谢公曰:"小者最胜。"客曰:"何以知之?"谢公曰:"吉人之辞寡,躁人之

---

① 《晋书》卷八十《王献之传》,第 2105 页。
② 《世说新语笺疏》,第 639 页。

辞多，推此知之。"①）

王献之的名声，来自他高贵的门第，也来自他的骄傲、自信和沉静。但仅仅这些，还不足以让一个人名留千古。

02

王献之有才，据史书记载，他不仅擅长草书、隶书，绘画也很拿手。

有关王献之练字的故事，坊间流传甚多，其中一个广为人知。据说王献之小时候，字写得远不如父亲王羲之。他刻苦练习，用掉三大缸水之后，觉得自己水平很不错了，就抱着一堆书法习作去找父亲。父亲一张张翻过去，直到看见一个"大"字，总算觉得比较满意，随手在"大"字下添一点，然后把字纸还给了儿子。王献之又将习作抱去给母亲郗璿看，母亲认真地看了一遍，最后指着王羲之加的那个点儿说："吾儿磨尽三缸水，唯有一点似羲之。"

听到母亲这话，王献之十分懊恼。母亲接着鼓励王献之继续努力，坚持不懈地练习下去。此后，王献之锲而不舍地练习，用掉了家里的十八缸水，总算练到了力透纸背、炉火纯青的程度，成为和父亲齐名的书法家。

这个故事听上去很励志，细节与人物的身份也很吻合，但可惜查无出处，更像是后人杜撰出来的，类似以讹传讹的"爱迪生救妈妈"。

真实的王献之，的确从小酷爱书法，而且天生是书法家的料。关于他的书法事迹，《晋书》中记载得比较多。事实上，《晋书》以前的史书，包括《世说新语》这样的志人小说，很少会重点关注一个人的书法艺术。那时候，书法并非一门独立的艺术，而是士人在日常写作时一种必不可少的伴随行为。"二王"在书法史上地位的确定，跟后来的唐太宗李世民关系很大。在编写《晋书》时，李世民不仅亲自参与王羲之传记的编

---

① 《世说新语笺疏》，第 638 页。

写，顺带也把王家几位公子的传记一起编了，其中，小儿子王献之所占篇幅最长，讲他书法造诣的内容，又是重点。

王献之的书法事迹，除了前面提到的拒绝为太极殿写匾，另还有几件。

其一，"七八岁时学书，羲之密从后掣其笔不得，叹曰：'此儿后当复有大名。'"①

他七八岁的时候，笔力就已经十分雄健。有一次，父亲王羲之趁着他写字的工夫，偷偷从后面想抽掉笔，却发现儿子握得稳稳的，父亲于是赞叹，说这孩子以后一定会博得大名。

其二，"尝书壁为方丈大字，羲之甚以为能，观者数百人。"②

王献之曾在墙壁上书写一丈见方的大字，父亲王羲之极为赞赏，有数百人来围观。

其三，"桓温尝使书扇，笔误落，因画作乌驳牸牛，甚妙。"③

这一则，说的是绘画。权臣桓温曾让王献之在扇子上题字，不小心将墨落在扇面上，王献之便顺势将墨迹画成毛色青白相间的母牛，画得相当好。由这件事情，后来还衍生出一个成语——笔误作牛，喻随机应变、化拙成巧或将功补过。

其四，"安又问曰：'君书何如君家尊？'答曰：'故当不同。'安曰：'外论不尔。'答曰：'人那得知！'"④

谢安问王献之："你的书法与令尊大人相比，怎样？"王献之答："当然不同，各有所长。"谢安说："外面评价不是这样。"王献之道："旁人哪里知道？"

旁人虽然不见得完全了解"二王"书法的高下，但这并不妨碍旁人

---

① 《晋书》卷八十《王献之传》，第 2105 页。
② 《晋书》卷八十《王献之传》，第 2105 页。
③ 《晋书》卷八十《王献之传》，第 2105 页。
④ 《晋书》卷八十《王献之传》，第 2105 页。

追捧他们。桓温之子桓玄，便是"雅爱其父子书，各为一帙，置左右以玩之"①。特意做了两个袋子，分别装着父子二人的字，放在左右欣赏。

实际上，《晋书·王献之传》对二王的书法造诣高低之分有着非常明确的判断："时议者以为羲之草隶，江左中朝莫有及者，献之骨力远不及父，而颇有媚趣。"②当时的人认为王羲之的草书、隶书，东晋国朝没有人比得上；王献之书法的骨力远不及其父，但妩媚多姿。

有鉴于王羲之的死忠粉李世民，曾亲自参与《晋书》中"二王"传记的编写，有理由相信，这大概率是夹带私货的李氏评判。李世民的夹带私货，在传末尾的"制曰"中更为明显："献之虽有父风，殊非新巧。观其字势疏瘦，如隆冬之枯树；览其笔踪拘束，若严家之饿隶。其枯树也，虽槎枿而无屈伸；其饿隶也，则羁羸而不放纵。兼斯二者，故翰墨之病欤？"③这一通话，说得很啰唆，简而言之，李世民认为，王献之虽然有乃父之风，但跟父亲相比，他的字写得枯瘦拘谨，病恹恹的。

父亲和儿子，到底哪个更好些？梳理书法史会发现，不同时期的评判，有着不小的差异。在王羲之去世后的东晋后期到南朝时期，王献之的名声远超父亲王羲之。《南史》卷四十七《刘休传》记载，世人都在学王献之的书法，"世共宗之"；而对王羲之的书法，则无人看重，"右军之体轻微，不复见贵"④。

虽然举世推重王献之，但王羲之从来不缺优质的小众粉丝。比如梁武帝，就认为王羲之的成就远在王献之之上。他当然也称赞王献之，"绝妙超群，无人可拟"⑤。但又认为王献之书法的缺点也非常明显，像一个不够成熟的少年，拖拉，不利落。

---

① 《晋书》卷八十《王献之传》，第 2105 页。
② 《晋书》卷八十《王献之传》，第 2106 页。
③ 《晋书》卷八十《王献之传》，第 2107 页。
④ ［唐］李延寿：《南史》卷四十七《刘休传》，中华书局，1975 年，第 1179 页。
⑤ ［宋］叶绍翁撰，冯惠民、沈锡麟点校：《四朝闻见录》附录《晋王大令保母帖》，中华书局，1989 年，第 226 页。

到了唐太宗李世民,在贬王献之的同时,给予王羲之高度评价:"尽善尽美,其惟王逸少乎!"①

从王羲之去世到初唐,历时 200 多年,为什么对父子二人的书法评价出现如此巨大的变化? 后世有学者认为,魏晋六朝是中国文学艺术的自觉时期,同时也是西汉以来儒学道统松弛时期,所以出现了尊崇王献之浪漫主义和表现主义的书风潮流。而隋唐作为大一统的国家,儒学政治社会观念回归,一代明主唐太宗尊崇在继承和创新之间至为中庸的王羲之,是完全合乎历史发展逻辑的。

但到了盛唐,儒家思想教条在消退,浪漫主义出现回归,王献之的艺术性自然也就被重新发现。张怀瓘《书议》,在承认"二王"书法"皆古今之独绝也"的基础上,就更推重王献之,而认为王羲之草书"有女郎材,无丈夫气,不足贵也"。② 李嗣真在《书后品》中说得更直接:"子敬草书,逸气过父,如丹穴凤舞,清泉龙跃,倏忽变化,莫知所成,或蹴海移山,或翻涛簸岳。"③李嗣真认为王献之的草书写得龙飞凤舞,超过他的父亲王羲之。

对二王书法的优缺点,历代在不同的政治与文化背景下,各有说辞,但"皆古今之独绝也"是一致公认的。

03

一手漂亮的字,是很适宜写情诗的。

王献之的情诗,据说是写给一位叫桃叶的姑娘。逶迤流淌的秦淮河畔,至今流传着王献之和桃叶的爱情故事。

---

① 《晋书》卷八十《王献之传》,第 2108 页。

② 陈尚君辑校:《全唐文补编》卷三九《张怀瓘书议》,中华书局,2005 年,第474 页。

③ 〔唐〕张彦远撰:《法书要录》卷三《唐李嗣真书品后》,浙江人民美术出版社,2019 年,第 85 页。

王献之有一位小妾，芳名叫桃叶。桃叶的娘家住在建康城的秦淮河以南，她时常要回家看看。当时的秦淮河，河面很宽，河上风浪很大，常有翻船溺水的事情发生。王献之担心桃叶的安危，总是去江边迎送桃叶，并为她写下著名的情诗《桃叶歌》："桃叶复桃叶，渡江不用楫。但渡无所苦，我自迎接汝。"

这首美丽的情诗一传十、十传百，很快就流传开来，成为人们茶余饭后的谈资。历代多情的文人墨客，到了秦淮河畔，想起当年王献之与桃叶的风流缱绻，都要徘徊、吟咏一番。辛弃疾有"宝钗分，桃叶渡，烟柳暗南浦"，姜夔有"想桃叶，当时唤渡，又将愁眼与春风，待去"，不一而足。而在秦淮河畔，如今有一处地名叫桃叶渡，据说就是王献之当年迎送桃叶的地方。

有了实实在在的情诗和地名为证，再加上历代顶级诗词名家的加持，王献之和桃叶的爱情故事言之凿凿，流传甚广。但实际上，如果沿着时间轴线梳理文献，会发现这个美好的爱情故事十分可疑。

从现有的资料来看，《桃叶歌》最早见于南梁徐陵编著的诗集《玉台新咏》。该书收录了署名作者王献之的《情人桃叶歌》二首。

其一

桃叶复桃叶，渡江不用楫。

但渡无所苦，我自迎接汝。

其二

桃叶复桃叶，桃叶连桃根。

相怜两乐事，独使我殷勤。①

---

① ［陈］徐陵编，［清］吴兆宜注，［清］程琰删补，穆克宏点校：《玉台新咏笺注》，中华书局，1985 年，第 471 页。

《玉台新咏》仅做收录,并没有对诗歌进行解释。诗名《情人桃叶歌》,可做多种解释,可以是赠给同性友人的"桃叶歌",也可以是赠给异性恋人的"桃叶歌",或者,仅仅是模仿民歌而做的一首五言诗。桃叶是什么? 从整首诗的意境来看,就是指桃叶本身,用以起兴,先言他物以引起所咏之词。

继《玉台新咏》后,成书于南陈的《古今乐录》,也收录了《桃叶歌》,但由于这部书已经散佚,原文究竟如何表述,无法查证。

成书于 7 世纪中期的《南史》,在《陈宣帝后主记》中收录了一首《桃叶词》:"先是江东谣多唱王献之《桃叶辞》,云:'桃叶复桃叶,度江不用楫,但度无所苦,我自接迎汝。'及晋王广军于六合镇,其山名桃叶,果乘陈船而度。丙戌,晋王广入据台城,送后主于东宫。"①据此看,《桃叶辞》的作者是王献之,而且这首诗对于南朝最后一个王朝陈朝来说,就像是不祥的谶语,提前两百年预言了杨广南征灭陈的历史事实。两百年后,正是在长江北岸六合镇桃叶山下,北来的杨广的军队坐着南陈的船渡江,随后进入建康城,占据台城,俘虏了南陈最后一个皇帝陈叔宝。

同样成书于 7 世纪中期的《隋书》,其《五行志》中记载:"陈时,江南盛歌王献之桃叶之词曰:'桃叶复桃叶,渡江不用楫。但度无所苦,我自迎接汝。'晋王伐陈之始,置营桃叶山下,及韩擒(虎)渡江,大将任蛮奴至新林以导北军之应。"②这里的表述,与《南史》略有不同,但要素完全一样。

无论《南史》还是《隋书》,都指明桃叶是一座山,位于长江北岸,是隋军渡江之处。那么,桃叶从什么开始笃定成为一个女人的名字,而且这女人被认定是王献之的爱妾?

北宋郭茂倩编著的《乐府诗集》中收录了《桃叶歌》四首:

---

① [唐]李延寿:《南史》卷十《陈本纪后主记》,中华书局,1975 年,第 309 页。

② [唐]魏征:《隋书》卷二十二《五行志》,中华书局,1973 年,第 637 页。

其一

桃叶映红花，无风自婀娜。

春花映何限，感郎独采我。

其二

桃叶复桃叶，桃树连桃根。

相怜两乐事，独使我殷勤。

其三

桃叶复桃叶，渡江不用楫。

但渡无所苦，我自来迎接。

其四

桃叶复桃叶，渡江不待橹。

风波了无常，没命江南渡。

郭茂倩为《桃叶歌》加注："《古今乐录》曰：'《桃叶歌》者，晋王子敬之所作也。桃叶，子敬妾名，缘于笃爱，所以歌之。'《隋书·五行志》曰：'陈时江南盛歌《桃叶》诗，云："桃叶复桃叶，渡江不用楫。但渡无所苦，我自迎接汝。"后隋晋王广伐陈，置将桃叶山下，及韩擒〔虎〕渡江，大将任蛮奴至新亭，以导北军之应。子敬，献之字也。'"①

郭茂倩不但增加了《桃叶歌》的数量，而且他的一句横空出世的"桃叶，子敬妾名，缘于笃爱，所以歌之"，坐实了桃叶是个女人的名字，且这女人是王献之的爱妾。

郭茂倩与王献之大约相差 700 岁，也就是说，在《桃叶歌》问世 700 年后，才出现了王献之和桃叶的爱情故事。此时的桃叶，具有双重身份，既是王献之爱妾的名字，也是长江北岸的一座山名。

等到了南宋，桃叶完成了又一次华丽转身。张敦颐在其成书于南

① ［宋］郭茂倩：《乐府诗集》卷四十五《清商曲辞二》，中华书局，1979 年，第 664—665 页。

宋绍兴年间的《六朝事迹编类》中记载：

> 桃叶渡，《图经》云：在县南一里秦淮口。桃叶者，晋王献之爱妾名也。其妹曰桃根。献之诗曰："桃叶复桃叶，渡江不用楫。但渡无所苦，我自迎接汝。"不用楫者，谓横波急也。尝临此渡歌送之。①

这里不仅明确了桃叶与王献之的关系，还勾勒了王献之桃叶渡迎送爱妾的故事样貌。作为地名的桃叶，不再是长江北岸六合镇的桃叶山，而是当时江宁县南、今天南京城内的一个渡口的名字。在这个古老而年轻的爱情故事里，还出现了一个新角色——"桃叶"姑娘的妹妹"桃根"姑娘。

紧接着这段记载，张敦颐抄录了诗人杨修之的一首诗："桃叶桃根柳岸头，献之才调颇风流。相看不语横波急，艇子翻成送莫愁。"杨修之即杨备，宋人，曾在南京为官，写有不少怀古凭吊诗。

自宋代以后，南京历代的地方文献中，王献之在秦淮河边桃叶渡迎送爱妾的故事，被反复书写。这些文献，不乏文学作品。清代长居秦淮河畔的文学家吴敬梓，就曾写过一首《桃叶渡》："花霏白板桥，昔人送归妾。水照倾城面，柳舒含笑靥。邀笛久沉埋，麈扇空浩劫。世间重美人，古渡存桃叶。"②

在这首诗之前，吴敬梓交代，在他生活的时代，桃叶渡即秦淮河上利涉桥所在的渡口。吴敬梓还指出，其实一直以来就有人认为桃叶渡应该在长江边上，而不是利涉桥这里。不过，吴敬梓话锋一转："然彼自送其妾耳，何与人事？"人家王献之就是要送自己的爱妾，就是这么浪

---

① ［宋］张敦颐：《六朝事迹编类》，南京出版社，2007 年，第 73 页。
② ［清］吴敬著，李汉秋、项东升校注：《吴敬梓集系年校注》卷五《集外诗文》，中华书局，2011 年，第 460 页。

漫，至于桃叶渡到底在哪里，旁人就不要瞎操心了。

吴敬梓是十足的浪漫派，明清以来的诸多文人雅士们也愿意追随这份浪漫。桃叶和王献之，注定要在文学中继续"缠绵"。

04

王献之与桃叶的爱情故事，虚实难辨。但多情的王献之，年轻时确实有过一段浪漫的爱情。

王献之的白月光，名叫郗道茂。郗道茂与王献之是表姐弟关系，王献之的母亲郗璿，与郗道茂的父亲郗昙，是亲姐弟。王郗两家联姻，亲上加亲，且符合家族的政治利益。郗道茂体弱多病，但王献之对她爱护有加，两人婚后度过了一段幸福美好的时光，可惜最终以离婚收场。为什么？因为利益成就的门第婚姻，也必将随着利益的改变而改变。

王献之与郗道茂结婚时，郗家犹盛。当时，郗鉴早已去世多年，郗家的第二代掌门人，是王献之的大舅舅，名叫郗愔。郗愔其人，《世说新语·品藻》刘孝标注引《郗愔别传》，说他"渊靖纯素，无执无竞，简私昵，罕交游。历会稽内史、侍中、司徒。"①他性格沉静简朴，不与人相争，很少与人拉关系套近乎，交往淡泊。郗愔以长子身份继承父亲爵位，门荫入仕。尽管后来官至司徒，但即使在仕途期间，他也一心想着隐居，并最终实现了退隐的夙愿。

郗愔淡泊慎独的品行，为人称赞，但作为大家族的一代掌门人，他的行事做派，只能算勉强合格。好在郗家还有别的子弟，可以共同撑起家门。

郗愔的弟弟郗昙，也就是郗道茂的父亲，早年被王导辟为秘书郎，但当时朝论他是名臣之子，屡以法制阻挠他升迁，直到三十岁才转任通直散骑侍郎，后又任中书侍郎、尚书吏部郎、御史中丞。

---

① 《世说新语笺疏》，第 615 页。

郗昙的仕途，毁于一次战争。升平三年（359），朝廷命郗昙攻高平，同时与其他将领合兵攻伐前燕。但郗昙因病退屯彭城，未能尽职，并由此导致原定与其配合的将领做出错误的撤兵决定，全军溃败。此一战后，郗昙被降职，河南诸郡亦被前燕攻陷。此后郗昙一蹶不振，于升平五年（361）去世，享年四十二岁。

郗昙去世时，郗道茂刚刚成年。虽然失去了父亲，但在伯父郗愔和堂兄郗超的庇护下，郗道茂的生活质量和社会地位还是有保障的。郗超是郗愔的长子，也是郗家南渡以来的第三代掌门人，他深谋远虑且有进取心，颇得大司马桓温赏识。

桓温当时统领军政大权，为所欲为。太和六年（371），他废晋废帝司马奕为东海王，扶立简文帝司马昱。桓温权势熏天，并有不臣之心，连当时在朝中地位颇高的谢安见了他都要行跪拜之礼。受他信用的郗超，时任中书侍郎一职，地位亦显赫无比。

正是在这样的背景下，王献之与郗道茂结为夫妻。

郗家的未来系于郗超之身，但事实证明，依附桓温的他，走了一条不归路。宁康元年（373），桓温病逝，去世之前他要求朝廷加其九锡之礼，并多次派人催促。但在谢安、王坦之等人的阻挠之下，并未得逞。桓温死后，郗超因母丧辞去朝中职务，地位就此一落千丈。后来他被起复为散骑常侍，又授任宣威将军、临海太守等职，但郗超都没有接受。太元二年（378），郗超因病去世。

郗家门第衰落的同时，以谢安为掌门人的谢家正在蒸蒸日上。

但郗家与谢家向来关系不睦。郗超在世时，公开为父亲郗愔鸣不平，认为父亲在朝中的地位和待遇应在谢安之上，但事实上，谢安得以入掌机权，郗愔却担任着闲职。慑于桓温的权势，谢安表面上对郗超客客气气，但内心积怨久矣。

谢安有个弟弟，名叫谢万，正是当年与郗昙一起讨伐前燕的同僚。当时谢万打算进兵入援洛阳，但见郗昙退屯彭城，误以为是前燕军队强盛所致，故仓促退兵。他并不知道，实际上郗昙是因病退守。谢万的错误抉择，使得晋军不战而溃，他自己也差点死于乱军之中。战后，谢万被废为庶人，并于升平五年（361）去世，和他的冤家对头郗昙在同一年殒命。

谢万的被废和去世，让谢家深受打击。悠游山水的谢安在谢万被废后，遂出山重振谢家声誉。谢安与谢万兄弟情深，原本热爱音乐的他，"自弟万丧，十年不听音乐"。

谢安出山时，琅琊王家第二代的王羲之早已告别郁郁不得志的仕宦生涯，退隐山中。而作为王家第三代的王献之，自小颇得谢安欢心，谢安得志后，对王献之照应有加。而随着郗超去世，郗家势力渐衰，此时的郗道茂，在王家的地位日益尴尬。

《晋书》卷六十七《郗鉴传》附《郗超传》，其中记载的一件小事，可见此时王家对郗家态度的变化。

郗超在世时，王献之兄弟去拜访舅舅郗愔，都穿着正式的鞋子，恭恭敬敬。郗超去世后，王家兄弟则穿着休闲木屐，仪容很轻慢。郗愔喊几个外甥坐下来谈话，他们却找借口开溜。郗愔气得直骂："如果郗超不死，你们这些熊孩子哪敢这样？"（王献之兄弟，自超未亡，见愔，常蹑履问讯，甚修舅甥之礼。及超死，见愔慢怠，屐而候之，命席便迁延辞避。愔每慨然曰："使嘉宾不死，鼠子敢尔邪！"[①]）

两家交恶至此，王献之与郗道茂夫妻散伙是迟早的事。而同时，谢安已经为王献之筹划好了另外一段婚姻。女主角是新安公主司马道福，她原本是桓济的夫人。桓济是桓温的小儿子。桓温死后，兵权交付其弟桓冲，爵位则由其幼子桓玄袭封。世子桓熙不服，遂与叔父桓秘、弟弟桓济谋杀桓冲，事败被流放长沙。桓济被流放后，新安公主与他离婚以撇清关系。

正如前面所言，因为利益成就的婚姻，也必将随着利益的改变而改变。新安公主与桓济的婚姻，何尝不是因利益而成就？

---

① 《晋书》卷六十七《郗超传》，第 1804 页。

一位离婚的公主,一位离婚的琅琊王氏,看似天作良缘。但王献之并不乐意,为了拒绝这门亲事,他甚至烧坏了自己的脚。最终,他还是拗不过强大的压力,和新安公主结婚了。

可怜的郗道茂,离开王家之后的命运无从知晓。而王献之一辈子都对前妻心怀愧疚。在给她的书帖里,他深情地写道:"我本来是要和你一辈子长相厮守的,谁料遇到这样的变故。这辈子恐怕都没有机会见面了,真是要把我气死了。"(方欲与姊极当年之足,昌之偕老,岂谓乖别至此。诸怀怅塞实深,当复何由日夕见姊耶?俯仰悲咽,实无已已,唯当绝气耳。①)

从这封书帖的口吻推测,很像是一篇祭文,郗道茂应当比王献之去世得早。她原本身体就柔弱,失败婚姻的打击更是雪上加霜。

怀念前妻并不耽误王献之的再婚生活,他与司马道福生有一个女儿,叫王神爱,也就是后来晋安帝司马德宗的皇后。做了皇后的王神爱并不幸福,因为司马德宗是个傻子,不会说话,不知饥饱,不辨寒热,吃喝拉撒一概不能自理。女儿长大后的生活,王献之并不知道,因为在女儿年仅两岁时,他就已经去世。

王献之去世前重病在身,家中请来道士作法消灾。道士问王献之:你一生中有什么过失?王献之这样回答:"我这辈子唯一的过失,就是与郗道茂离婚。"(不觉有余事,唯忆与郗家离婚。②)

05

王献之去世时,年仅四十三岁。

他自小生活无忧,成年后也不肯在仕途上耗费太多精力,而是以游

---

① [明]张溥著,殷孟伦注:《汉魏六朝百三家集题辞注》,中华书局,2007年,199页。

② 《世说新语笺疏》,第48页。

山玩水搞艺术为己任。他写字绘画、流连山水，看到美景会发出这样的赞叹："从山阴道上行，山川自相映发，使人应接不暇。若秋冬之际，尤难为怀。"①看这段文字，会觉得他已经达到了天人合一的通达境界。烦恼当然也有，比如公主逼婚，但后来也比较顺利地化解掉了。这样一位生活优越的贵族人物，为什么却不长寿？

因为他身体不好。明人唐寅画有一幅《王献之休郗道茂续娶新安公主图》，真迹现藏于美国沃尔特斯艺术博物馆。这幅画上的王献之面方耳阔，体形胖大，气宇轩昂。但实际上，这与真实的王献之相去甚远。

真实的王献之，用他同时代人范启的话说："举体无饶，纵掇皮无余润。"②全身没有丰润的地方，皮包骨头。家里条件那么好，但是人瘦成这样，多半是有病的。从王献之传世的书信字帖中，可以窥见大概。

他患肩胛痛，《江州帖》中，王献之写道："胛痛不可堪。而比作书，欲不能成之。"③肩胛痛得无法忍受，几乎连字也不能写了。

他患牙痛，《辞尚书令与州将书》中写道："忽患齿痛，疼惨无赖，语迫罔知所厝。"④牙痛极了，也不知道自己说了些什么。

他患头痛和颈痛，而且疼痛不断："献之下断来，恒患头项痛，复小尔耳。"⑤

他还患有痈疮，"患脓不能溃，意甚无赖"⑥，脓包在皮肉里，一直不破，非常难受。

---

① 《世说新语笺疏》，第 172 页。

② 《世说新语笺疏》，第 956 页。

③ 《全上古三代秦汉三国六朝文》全晋文卷二十七《王献之杂帖》，中华书局，1958 年，第 3227 页。

④ 《全上古三代秦汉三国六朝文》全晋文卷二十七《辞尚书令与州将书》，第 3225 页。

⑤ 《全上古三代秦汉三国六朝文》全晋文卷二十七《王献之杂帖》，第 3230 页。

⑥ 《全上古三代秦汉三国六朝文》全晋文卷二十七《王献之杂帖》，第 3231 页。

此外,王献之还患有面痛、脚痛、腹泻等毛病。可以说,他一辈子都在和疾病进行顽强的斗争。最重要的斗争方法是吃药,还和亲朋好友一起分享吃药的经验。比如,传世的王献之书帖中,《鸭头丸帖》《肾气丸帖》《先夜帖》,都在谈吃药。

王献之吃的药里面,最为重要的是寒石散。寒石散,是一种中药散剂,据说最早由张仲景发明,主要成分是石钟乳、紫石英、白石英、石硫黄、赤石膏,用来治疗伤寒病人。但后来,这剂药被发现有美容、壮阳等功能,一传十十传百,渐渐变成了包治百病的神药,流行开来,在魏晋时期,尤其为达官贵人所钟爱。

治病的药,阴差阳错变成了保健品。这大概也是对"药食同源"的最佳诠释。但寒石散,的确不适宜当成食物常吃。

服用寒石散后,人全身发烧,情绪亢奋,为了缓解症状,服食者需要四处走走,还要宣泄情绪,常常边走边纵情高歌。这种边走边唱的行为,有个专有名称叫"行散",我们现在说的"散步"即来源于此。由于通体燥热,服食者要尽量少穿,吃寒食,喝冷饮,洗冷水澡,总之越冷越好。但有一样例外,酒要喝热的。吃了寒石散,还有一个后果,就是皮肤会很敏感,所以魏晋时期的人们喜欢穿宽大柔软的衣服,尽量减少皮肤和衣服的摩擦。

王献之是寒石散的忠实用户。这种药为他带来暂时的欢娱,但伴随着欢娱,也有不少苦恼,即前面提到的各种疼痛和腹泻、痈疽等等。服寒石散与病痛,孰因孰果,难以进行简单判断。但可以肯定的是,服用寒石散是造成王献之英年早逝的重要原因之一。

从王导至王羲之,再至王献之,东晋琅琊王氏三代的三位代表至此均已谢幕。而"王与马,共天下"的结局,早在王导死后,就已结束。虽然去世后的王献之因为沾了女儿的光,而被追赠侍中,特进光禄大夫、太宰,并被赐予"宪"的谥号,但这些荣誉于他本人而言,并没有任何实质意义。

五、真名士王徽之：人生在世开心就好

王羲之有七个儿子，最著名的是小儿子王献之，名声排第二的是第五子王徽之。有一条被实践检验过无数遍的真理——没有人会记得第二名。的确，小五子王徽之的名气远不如小弟，但如果以名士风度的标准去品评衡量，他毫无悬念胜出。

小五子是行为艺术家的鼻祖，他做过最浪漫的事，叫"雪夜访戴"；他说过最诗意的话，叫"何可一日无此君"。

01

王徽之很邋遢。《晋书》卷八十一《王徽之传》说他"蓬首散带"，一天到晚不洗脸，衣服也随意敞着。这个形貌似乞丐的家伙，其实是一位任性放达的名士，坊间留下了他的诸多美谈。

美谈之一，叫作"雪夜访戴"。

那是在1000多年前的山阴（今浙江绍兴），夜正深，王徽之从一场酣梦中醒来。窗外，夜雪初霁，月色清朗，一片银装素裹。王徽之酒兴突至，于是打开门，命人取酒来。独酌无相亲，吟诗以为伴，他一边喝一边吟诵左思的《招隐诗》：

> 杖策招隐士，荒涂横古今。岩穴无结构，丘中有鸣琴。
> 白云停阴冈，丹葩曜阳林。石泉漱琼瑶，纤鳞或浮沉。
> 非必丝与竹，山水有清音。何事待啸歌，灌木自悲吟。

秋菊兼糇粮，幽兰间重襟。踌躇足力烦，聊欲投吾簪。①

也许是被诗中的意象触动，王徽之忽然忆起了住在剡县（今浙江绍兴嵊州）的戴逵，很想此刻与他把酒畅聊。

戴逵，字安道，是一位少年天才，集各种才艺于一身。他天性不合世俗，常常以书琴自娱。武陵王司马晞听说戴逵善于弹琴，就派人征召他，结果戴逵当着使者的面摔破琴器，说："我戴安道不做王府中的伶人。"（戴安道不为王门伶人。②）这位有个性的戴逵后来搬到了剡县，与会稽一带的名士多有交往。

剡县在山阴的东南方向，两地同属会稽郡，也就是今天的绍兴市，从剡县的市中心到山阴的市中心，直线距离百里左右，以今天的眼光衡量，并不算遥远。但回到 1000 多年前的东晋，这却是相当大的空间障碍，况且天雪路难行，朋友之间很难见面。

但是王徽之不管这些，当即乘坐小船，来了一场说走就走的旅行，目的地就是戴逵家。经过一夜的颠簸劳顿，终于到了戴逵家门口。王徽之却并不进去拜会主人，而是调转船头原路返回自己家。

这一通任性，看得别人莫名其妙，问他是怎么回事。他回答道："吾本乘兴而行，兴尽而返，何必见戴？"③

好一个"乘兴而行，兴尽而返"，王徽之这场说走就走的旅行，为后来登场的 300 年大唐诗会，提供了绝佳素材。有人做过统计，在《全唐诗》中，有至少超过 40 首引用了"雪夜访戴"的典故。

举两人的诗为例。其一是李白。唐玄宗开元二十五年（737）后数年，李白寓居东鲁（今山东曲阜）期间，曾作《东鲁门泛舟》二首。④

---

① 党元圣编著：《六朝诗选》，商务印书馆，2018 年，第 101 页。
② 《晋书》卷九十四《隐逸传》，第 2457 页。
③ 《世说新语笺疏》，第 893 页。
④ 郁贤皓选注：《李白选集》，上海古籍出版社，1990 年，第 130—131 页。

其一

日落沙明天倒开，波摇石动水萦回。

轻舟泛月寻溪转，疑是山阴雪后来。

其二

水作青龙盘石堤，桃花夹岸鲁门西。

若教月下乘舟去，何啻风流到剡溪？

李白寓居东鲁时，与名士孔巢父、韩准、裴政、张叔明、陶沔等人多有交往，经常聚在一起饮酒酣歌，时人称为"竹溪六逸"。这两首诗，写一个风清月朗的春夜，泛舟东鲁门的美妙经历。第一首诗中，"轻舟泛月寻溪转，疑是山阴雪后来"，诗人说自己驾着小舟在月光下缘溪而行，恍如王徽之在山阴雪后寻访戴逵。第二首诗中，"若教月下乘舟去，何啻风流到剡溪"，诗人说在这皎洁月色中泛舟的潇洒，超过了王徽之雪夜访友的风流意趣。

以一句"山雨欲来风满楼"名垂千古的晚唐诗人许浑，也曾引"雪夜访戴"入诗。许浑有一首《泛舟寻郁林寺道玄上人遇雨而返因寄》诗：

禅扉倚石梯，云湿雨凄凄。

草色分松径，泉声咽稻畦。

棹移滩鸟没，钟断岭猿啼。

入夜花如雪，回舟忆剡溪。①

作者乘小船去访问道玄上人，遇雨而返，"回舟忆剡溪"一句，即以王徽之雪夜访戴逵过门不入，来比拟自己这次没能见到道玄上人的出访。

---

① 丁成泉编注：《中国山水田园诗集成》（第一卷），湖北教育出版社，2003年，第837页。

除了以典入诗，后人也以典入画，元人黄公望有《剡溪访戴图》，元人张渥有《雪夜访戴图》，都取自"雪夜访戴"的典故。因为王徽之字子猷，这个典故又名"子猷访戴"。

美谈之二，叫作"试为我一奏"。

王徽之从水路赴京都建康，船停在青溪的小洲旁，尚未登岸上陆。就在此时，岸上有个派头很大的人物坐着车经过。船上有人认识岸上的那位，说是桓伊。桓伊其人，有军事才略，屡建军功，曾经与谢玄、谢琰等人一起取得淝水之战的胜利，并封永修县侯，进号右军将军。桓伊还擅长音乐，人称"江左第一"，他有一柄珍贵的笛子，经常自吹自娱。

王徽之与桓伊并不相识，但他以前就听说桓伊擅长吹笛，如今正好偶遇，赶紧派人去传话："听说您擅长吹笛子，请为我演奏一曲。"（闻君善吹笛，试为我一奏。[①]）

小五子这个举动，可以说是相当冒犯了。东晋上流社会，擅长唱歌、弹琴、书法、绘画各种技艺的才子才女很多，这些技艺多用以自娱，或者跟朋友聚会时切磋助兴之用。当然，前提是人家自己乐意，如果人家没主动献艺，但别人颐指气使喊他这样那样，那是非常不礼貌的，等于拿人家当艺人使唤。遇到脾气不好的才子才女，管你天王老子，直接翻脸。比如，司马晞让戴逵弹琴，戴逵直接摔了琴器；谢安让王献之写太极殿的匾额，王献之也是直杠杠顶了回去。

此时的桓伊，尚未达到他的人生巅峰，但也已经因军功而显贵。而小五子的身份，其实就是一位吊儿郎当不务正业的官三代，碰到知书达理的人，尊他为名士，遇到那些不讲体统的，可能随时把他给收拾了。

这一次，小五子太任性了！"试为我一奏"，搞不好要变成"试为我一揍"，旁边的人替他捏把汗。

那边岸上，桓伊默默下车，示意左右随从临时架起一把椅子，然后坐上去，取出笛子，连吹三支曲子。吹完，他一句话不说，上车继续

---

① 《世说新语笺疏》，第 894 页。

赶路。

无须世俗礼仪，两个彼此懂得的人，一切尽在不言中。桓伊吹奏的曲子，据说便是后世风靡的《梅花三弄》。王徽之与桓伊邂逅的青溪渡口，即后来南京城有名的古迹"邀笛步"。

02

中国人喜欢竹子。岁寒三友，竹子居其一；四君子，竹子亦居其一。竹子为什么受欢迎？当然与它强大的实用功能有关，也与历代文人对竹子的钟爱与赞美有关，竹文化正是基于这样的基础形成的。

在中国竹文化发展史上，王徽之是个重要的标志性人物。他与竹子，有两则不得不说的故事。

其一，就叫它"何可一日无此君"？

有一段时间，王徽之曾经借住在别人的空房子里。刚住进去，他就命令仆从在庭院里种上竹子。别人不解，问他，只不过是暂时借住，何必如此麻烦？王徽之并没有正面回答别人的问题，而是开始高声吟咏。他吟咏了些什么，史书并无记载，猜想起来，大概是关于竹子的诗赋文章。他兴致勃勃吟咏了好一阵子，这才停下，以手指竹说："何可一日无此君邪？"[1]

在王徽之以前，竹子早已经进入中国人的日常生活。与他同时代或稍晚的戴凯之的《竹谱》，是中国最早的竹亚科植物专著，首次对竹类植物进行了全面研究，记录了竹的自然分类、生长环境和地理分布等知识。汉魏以来，竹子也进入了文人的视野，被赋予文化的意味。比如，我们非常熟悉的阮籍、嵇康、山涛、向秀、刘伶、阮咸、王戎，七人因常在竹林间畅饮聚会，而被称为"竹林七贤"。虽然他们后来的人生选择各不相同，但他们聚会竹林间的集体形象，一直被看作不与世俗同流合污

---

[1] 《晋书》卷八十一《王徽之传》，第 2103 页。

的越矩者和叛逆者。而他们流连的竹林，也就此具备了在后世被赋予高洁人格意蕴的文化基础。

真正有据可查明确赋予竹子人格意蕴的第一人，应该是王徽之。"何可一日无此君？"以"此君"代指竹子，强调对竹子的喜爱甚至尊敬。自王徽之以后，竹子的文化地位越来越高。如果说，在"竹林七贤"的称号出现时，还是重在强调"竹"作为自然之物的空间存在，那么经过王徽之的提炼与拔高，竹具有的高洁人格意蕴越来越被重视，到了唐代"竹溪六逸"，"竹"便是物格与人格高度契合的精神象征。

到了宋代，堪称中国古代文人精神领袖的苏东坡，更是对竹一往情深，他的《於潜僧绿筠轩》一诗写道：

> 宁可食无肉，不可居无竹。
>
> 无肉令人瘦，无竹令人俗。
>
> 人瘦尚可肥，士俗不可医。
>
> 傍人笑此言，似高还似痴。
>
> 若对此君仍大嚼，世间那有扬州鹤？①

东坡先生到於潜（今浙江杭州境内）一座寺庙游玩，寺内绿筠轩植有翠竹，十分幽雅。东坡先生于是赋诗歌颂竹子与主人的风雅高节，批判物欲俗骨。这首诗堪称古往今来咏竹之冠，诗中的"此君"，即直接引用王徽之"何可一日无此君"的典故。

王徽之与竹的另一则故事，是因对"此君"之爱而引发的一场愉快社交活动。

有一次，王徽之经过吴地（今江苏苏州），看到一位士大夫家里有些好竹子，爱竹成癖的他，自然要去观赏。听说王徽之要来，主人认真准

---

① ［宋］苏轼著，徐培均选注：《苏轼诗词选》，山东大学出版社，1999 年，第184 页。

备了一番，洒扫庭院、摆放陈设，然后很礼貌地坐在厅堂中等候。王徽之来了，并不去厅堂拜会主人，而是直接坐着轿子去看竹子，看得开心，在竹旁讽吟长啸了很久。

王徽之的举动，让主人很失望。吴地的士大夫，多是当地土著，家里物质条件不错，文化层次也高，对南渡而来的衣冠士族，本来就抱有一种复杂的态度。一方面是情感上的疏离，但另一方面，又是对正统的尊重。主人出于尊重，认真接待王徽之，但王徽之浑身上下透着傲娇，只顾观赏竹子，完全拿主人不当一碟菜。

好脾气的主人，还抱着一线希望，指望王徽之欣赏过竹子后来和自己打个招呼。但王徽之就是王徽之，看够了也咏够了，直接让随从抬起轿子转身走人。尴尬至极的主人，于是拿出主人范儿，命令人把门关起来，不要放走王徽之。

情况不妙，火药味儿有点浓，两人似乎要干架了。

王徽之就是王徽之，他非但没有跟主人生气，反而很赏识主人霸气的举动，留下来和他畅谈一番，尽兴而归。（王更以此赏主人，乃留坐，尽欢而去。[①]）

王徽之的这段经历，跟他小弟王献之逛顾辟疆家园子的经历很像。但这位主人待客的智慧，显然高于顾辟疆，因而成就了一段因竹而起的友情佳话。可惜的是，史书中没有留下这位主人的姓名，但王徽之的"不走寻常路"，由这件事可得证实。

03

王徽之是一个被附着了文化符号的人物。抛开这些符号，我们看到的王徽之，是一个"卓荦不羁，欲为傲达"的名士。他的不羁，有诸多事例为证。

---

① 《世说新语笺疏》，第912页。

王子猷诣郗雍州，雍州在内。见有氍毹，云："阿乞那得此物？"令左右送还家。郗出觅之，王曰："向有大力者负之而趋。"郗无忤色。①

王徽之去拜访二舅郗昙的长子，也就是他自己的亲表兄弟郗恢，进了客厅，暂时没见到郗恢，左顾右盼间，看见一条羊毛毯，质地细密，很漂亮。王徽之满心喜欢，羡慕地对左右随从说，不知道阿乞从哪儿搞到这么漂亮的毛毯。阿乞即郗恢的小名。趁着主人还没来，王徽之示意左右，赶紧把毯子卷起来背去自己家。

知道家里来了客人，郗恢从内室出来接待。他一出来就发现客厅少了件软装修，左瞅右看找不到，问小五子有没有看到，小五子文绉绉回答："向有大力者负之而趋。"

这句话源自《庄子》，原文为："夫藏舟于壑，藏山于泽，谓之固矣。然而夜半有力者负之而走，昧者不知也。"②意思是说，把小船藏在深沟里，把山隐在深水里，以为这样十分牢靠了。然而，半夜里有个大力士背着它们跑了，昏昧的人一点儿也不知道。

明明是自己偷了亲戚家的毯子，却说得如此清新脱俗。王徽之的怪诞言行，一般人很难接受，但是郗恢超然大度不与他计较。

老郗家和老王家两代人结亲，王羲之、郗璿是一代，王献之、郗道茂又是一代，明明你情我愿的家族交易，但自从王导和郗鉴去世以后，老王家的人凭着祖宗显贵，动不动就明着欺负人。到了王徽之、王献之兄弟，更不把郗家放在眼里。王献之后来休掉郗道茂，令人唏嘘；王徽之则天生就爱干越矩无礼的事情，不仅对平辈的表兄弟无礼，对大舅舅郗愔也敢出言不逊。

---

① 《世说新语笺疏》，第 884 页。

② ［清］王先谦集解：《庄子》内篇《大宗师》，上海古籍出版社，2009 年，第 63 页。

郗愔刚刚被拜为北府军事长官时，王徽之跑去祝贺。他的祝贺词与众不同："舅舅啊，应对变故、用兵谋略，您并不擅长。"这句毫无情商的话，说一遍还嫌不够，反反复复不停地说，终于把他的另一位表兄弟、郗愔的次子郗仓给惹恼了。郗仓即郗融，仓是小字。郗融找哥哥郗超吐槽："咱们的老爸今天拜官，王徽之言语如此不恭敬，令人难以容忍。"郗超的反应出人意料，他说："王徽之刚才评价父亲的那句话，是当年陈寿在写《三国志》时评价武侯诸葛亮的话，人家用诸葛武侯比我们的父亲，还有什么可说的？"（郗司空拜北府，王黄门诣郗门拜，云："应变将略，非其所长。"骤咏之不已。郗仓谓嘉宾曰："公今日拜，子猷言语殊不逊，深不可容！"嘉宾曰："此是陈寿作诸葛评，人以汝家比武侯，复何所言？"①）

这一剂甜蜜的马屁，也不知道是王徽之的本意，还是郗超硬品出来的。但是很明显，王徽之那种拐弯抹角、引经据典的话，即便荒唐无礼，也有人心甘情愿买账。

但王家的无礼，也的确让多位郗家人心里不爽。王徽之的母亲郗璿，是个心直口快的女子，就曾对她的两位娘家兄弟郗愔、郗昙说过这么一句话："王家人见到谢安、谢万兄弟俩，恨不得把家中架子上筐子里所有的东西都取出来招待他们；见到你们来，只是平平淡淡而已；你们可以不用再去王家了。"（王家见二谢，倾筐倒屣；见汝辈来，平平尔。汝可无烦复往。②）

老王家和老谢家，都是南渡而来的衣冠士族，一开始彼此看着很是顺眼。能说会道的王徽之和谢家那位后来被废为庶人的长腿将军谢万，聚在一起，堪称一对损人不利己的相声高手。

有一回，王徽之去拜访谢万，碰到支遁在座。支遁是高僧，且和王徽之的父亲王羲之是好朋友，他本来表情就严肃，见到后生又多摆出了

①　《世说新语笺疏》，第952页。
②　《世说新语笺疏》，第819页。

一些长辈高人的傲慢。见此情形，王徽之问谢万："若林公须发并全，神情当复胜此不？"①

支遁的字是道林，因此被称为林公。王徽之这是在拿人家开涮，假模假式地问，要是林公的胡须头发都齐全，大概不会是这个神情吧？谢万很配合，来一句："唇齿相依，一样都不能缺；胡须和头发对于人的精神有什么关系呢？"（唇齿相须，不可以偏亡。须发何关于神明？）听上去有些莫名其妙，实际上在笑话支遁长得丑。因为支遁其人，不仅头秃，而且满嘴龅牙露在唇外，稀稀落落。

两人一唱一和拿支遁开心，支遁无奈，只得说："七尺之躯，今日委君二贤。"我这七尺之躯，就由您二位评说了。

王徽之敢于睥睨天下，和自身高贵的门第出身有关，更有满腹才华的硬实力做支撑。对于他的才华，谢安一向赏识。《世说新语》中记载了谢安和王徽之的一段对话：

> 王子猷诣谢公，谢曰："云何七言诗？"子猷承问，答曰："昂昂若千里之驹，泛泛若水中之凫。"②

七言诗起源于民谣，文人创作七言诗，自魏晋始。曹丕的《燕歌行》，便是现存的第一首文人创作的完整七言诗。七言诗真正发达，是唐朝以后的事情，也正是七言的形式，极大地丰富了古典诗歌的艺术表现力。东晋时期，对于文人士大夫而言，七言诗还是一种相当新颖的文体，其写作技巧并不为大多数人所掌握。而才华超人的王徽之，显然很懂七言诗，所以才引来谢安向他请教。

七言诗是什么样的？面对谢安的问题，王徽之信口吟出两句七言诗作答："昂昂若千里之驹，泛泛若水中之凫。"这两句诗出自《楚辞·卜

---

① 《世说新语笺疏》，第 951 页。
② 《世说新语笺疏》，第 953 页。

居》，原句为："宁昂昂若千里之驹乎？[①] 将泛泛若水中之凫，与波上下，偷以全躯乎？"诗人表示自己愿做一匹昂然的千里马，不做随波逐流的野鸭。王徽之如此化用，可谓才思敏捷，比喻精妙，尽得风流。

这样的人才，谢安找个合适的机会，就要为他提供平台，让他施展才华。

前秦建元二十一年(385)，前秦国君苻坚为后秦姚苌所害。苻坚死后，一向亲近汉文化的前秦太子苻宏带领家人投奔东晋。东晋孝武帝司马曜热情欢迎苻宏，并将他作为投奔光明的正面形象，大张旗鼓地进行表扬。由于经常被表扬，时间一久，苻宏就有点骄傲了，自认为才干优秀，喜欢凌驾于他人之上，即使德高望重的谢安接见他，他也是傲气十足，觉得别人都比不上他。

有一天，谢安正在接见苻宏，王徽之来了，谢安就让他们一起交谈。王徽之早就听说这位苻宏恃才傲物，这会儿见了人家，他一言不发，而是直勾勾盯着瞅。左看右看，上看下看，看了很久，还是不直接跟苻宏说话，而是回禀谢安："亦复竟不异人！"[②]我看这家伙也没什么与别人不同的地方。听了王徽之的话，"宏大惭而退"。

王徽之以实际行动示范：对别人最大的蔑视就是沉默。

04

王徽之的"卓荦不羁"，还体现在"不综府事"，工作的事，一点也不上心。

王徽之曾经做过车骑将军桓冲的参军。有一天桓冲考察工作，以聊天的方式了解下级工作情况，他问王徽之："你是哪个部门的？"(卿何

① ［清］钱澄之：《庄屈合诂》，黄山书社，1998 年，第 327 页。
② 《世说新语笺疏》，第 995 页。

署？①）王徽之回答：“不知道是哪个部门，只是常常见牵了马来，好像是管马匹的官署。”（不知何署，时见牵马来，似是马曹。）

这班上得够糊涂，碰到这样的下属，放到任何一个时代，上司估计都会不满意，脾气暴躁的，可能当场就发作了。但桓冲修养很好，继续平静地问：“你这官署中，有多少马？”（官有几马？）王徽之再次语出惊人：“我不过问马，怎么知道马的数字呢？”（不问马，何由知其数？）

桓冲不甘心，接着找话：“马最近死了多少？”（马比死多少？）王徽之铁了心给桓冲难堪：“连活着的都不知道，怎么能知道死掉的。”（未知生，焉知死？）

一位宽宏大量的上级，一位尸位素餐的下属，通过这场对话，旁人得出的，大概是这样一个结论。但实际上在这几句简单的对话之中，王徽之不着痕迹地设置了两处言语机关，将原本例行公事的上下级对话，变成了充满思辨的哲学交流。

“不问马”，典出《论语·乡党》：“厩焚，子退朝，曰‘伤人乎？’不问马。”②马房失火，退朝回来的孔子，关心地询问人有没有受伤。他以人的性命为贵，只问人，不问马。王徽之说自己不问马，所以不知道有多少匹马，话里暗含着对桓冲只问马不问人的不满。桓冲当然听明白了，他似乎是想避过话中机锋，转而问马最近死了多少，但这恰好跌入王徽之的言语陷阱。

“未知生，焉知死。”③典出《论语·先进》。子路请教孔子，死后是什么情况，孔子就用了这句话回答他，意思是，连活着的道理都搞不清楚，怎么会知道死后的情形呢？

明明自己工作不称职，对官署的事情一问三不知，但面对上级提问，王徽之连续借用《论语》里的话巧妙作答，驳得桓冲无从开口。

---

① 《世说新语笺疏》，第 908 页。

② ［宋］朱熹：《论语集注》，齐鲁书社，1992 年，第 100 页。

③ 《论语集注》，齐鲁书社，1992 年，第 106 页。

　　桓冲其人，"谦虚爱士"，虽然才学不如王徽之，嘴巴也没他伶俐，但却是个真正的实干家。实干家自然对工作很上心，过了些日子，他又对懒散的王徽之旁敲侧击。这一回，话说得很直接，"卿在府久，比当相料理"①。你在军府中待的时间已经很长了，近来应当安排些工作了。听到这话，王徽之毫不理会，只是挺直脖子远远地望着，并用笏版撑着脸颊，自顾自很陶醉地说："西山的早晨，真是清爽凉快呀。"（西山朝来，致有爽气。）

　　这里的西山也许真有其山，也许只是王徽之心中理想的居所。"西山"，暗指适宜隐居的地方，早在先秦典籍的记载中，德行高尚的伯夷和叔齐就隐居西山，并留下了"登彼西山兮，采其薇矣"的诗句。曹魏时期的阮籍在其《咏怀诗》中，也有"驱马舍之去，去上西山趾"的描写。

　　小五子不止在言语上对长官不敬。

　　有一次，他跟着桓冲外出。按照规矩，领导坐车里，王徽之作为下级，不能坐车，只能骑马跟随。天公不作美，下起了大雨，别的随从都老老实实骑着马淋雨，唯独王徽之利索地跳下马，一拱身子就挤进桓冲的车里，嘴里还振振有词："老板您怎么能自己独占一辆车呢？"（公岂得独擅一车？②）

　　小五子这次又玩大了，但事实证明，桓冲没拿他怎么样。因为琅琊王氏门第高贵，老王家的孩子天生就有傲娇的资本。

　　只是，天道无常，随着时间的迁移，傲娇资本也在流逝。琅琊王氏的地位早已不复往昔。

　　王导、王敦在世时，东晋琅琊王氏的荣耀达到巅峰。月满则亏，王导在世时，已经伤感地意识到王家后继乏人，"每叹子侄不令"③，他将

---

①　《世说新语笺疏》，第 909 页。

②　《晋书》卷八十一《王徽之传》，第 2103 页。

③　《世说新语笺疏》，第 977 页。

王家的希望寄托在堂侄王羲之身上。王羲之才能卓越,也的确曾斗志昂扬,但遗憾仕途并不得志,最终辞官隐居。王家第三代,即便才高如王徽之、王献之,也只肯放浪形骸,做逍遥自在的清谈家兼艺术家。第三代中,王导的孙子王珣与王珉,虽然在朝中也谋得高官,但终究无法超越祖父辈。琅琊王氏的颓势无可挽回,大多数子弟均徒有高贵门第,身无所长。

王徽之的四哥王肃之,就是这样一个人。他资质平庸,见识短浅,爱管闲事,而且是个话痨。

有一阵子,东晋上流社交圈来了位新人,名叫苻朗,是前秦国君苻坚的侄子。苻朗曾为前秦青州刺史,东晋朝廷派遣淮阴太守高素攻打青州时,他派遣使者到彭城向谢玄请降,就此归顺东晋。苻朗自小喜读经籍,颇有学问,在人才荟萃的东晋国内,能跟他对话的,也寥寥无几。王肃之对苻朗很感兴趣,逮着机会就找他询问中原地区的人物、风土人情、物产等。苻朗很讨厌王肃之,对这种话题也毫无兴趣,但碍于面子,只能耐着性子作答。

王肃之没完没了,接着又问奴婢价格的贵贱。苻朗一语双关作答:"谨慎、忠厚、有见识的,可达十万钱;没有见识,又要就奴婢的事问来问去的,不过几千钱罢了。"(谨厚有识中者乃至十万,无意为奴婢问者止数千耳。[①])

高傲如东晋琅琊王氏,到了第三代,竟然被人以奴婢作比!事实上,在当时的东晋国内,琅琊王氏子弟普遍风光不再,遭人侧目者不在少数。王羲之的好友支遁,就不看好这些徒有其表的官三代,别人曾经问他,见到王徽之兄弟几个后感觉如何,他如此作答:"看到一群白脖子乌鸦,只听见哑哑的叫唤声。"(见一群白颈乌,但闻唤哑哑声。[②])

白领,黑衣,是琅琊王氏子弟惯常的着装,支遁此话,用一个形象的

---

① 《世说新语笺疏》,第961页。
② 《世说新语笺疏》,第996页。

比喻来挖苦浅陋的王家兄弟。从昔日令人炫目的"琳琅珠玉"，到此时遭人嘲笑的"白颈乌"，不过三代。琅琊王氏虽然子弟仍旧众多，但家族声誉之重，竟无一人能负担得起。

05

如人饮水，冷暖自知。琅琊王氏的兴衰荣辱，唯有自己懂得，他们对外桀骜，对内却兄友弟恭，互相取暖。

王徽之亲兄弟共七人，老大王玄之很早就去世了；老二王凝之，擅长草书、隶书，本人资质普通，但娶了才女谢道韫，官至会稽内史；老三王涣之，没什么名气；老四王肃之，正如前文所述，被人以奴婢作比；老六王操之，曾做过豫章太守，也是以门荫起仕，并无过人之处。

老五王徽之、老七王献之，是兄弟中的佼佼者，他们彼此的亲密友爱，也较其他兄弟更多。也因为才情相近，他们常常被外人放在一起比较。

《世说新语》中，直接将兄弟俩放在一起作比的条目有三条。

兄弟俩同在一间屋子里，房上突然起火，王徽之拔腿就跑，连鞋子都顾不得穿。而王献之神色恬然，不慌不忙，慢悠悠地喊左右侍从搀扶他出去。（王子猷、子敬曾俱坐一室，上忽发火。子猷遽走避，不惶取屐；子敬神色恬然，徐唤左右，扶凭而出，不异平常。世以此定二王神宇。①)

兄弟两人之中，谢安更喜欢王献之，因为他安静少语。王徽之则比较多话，谢安认为他浮躁。（王黄门兄弟三人俱诣谢公，子猷、子重多说俗事，子敬寒温而已。既出，坐客问谢公："向三贤孰愈？"谢公曰："小者最胜。"客曰："何以知之？"谢公曰："吉人之辞寡，躁人之辞多。推此

---

① 《世说新语笺疏》，第445页。

知之。"①）

　　兄弟俩都追慕古代的高士，在一起读《高士传》里的人物传记和附在文后的赞语。王献之欣赏东汉高士井丹的高洁品行，王徽之则更欣赏司马相如的任性不拘礼法。（王子猷、子敬兄弟共赏《高士传》人及赞，子敬赏"井丹高洁"，子猷云："未若'长卿慢世'。"②）

　　虽然兄弟俩的性格差别很大，也一辈子逃不脱外人的点评比较，但这从来没有影响他们彼此的感情。他们是手足，更是知音，相知相惜到生命的最后一刻。

　　太元十一年（386），王徽之和王献之同时重病在身。病情略轻的王徽之听到有一位术士称，如果活人愿意拿出自己的余年，就可以让将死之人复生。王徽之怜惜弟弟的才能，于是请求拿自己的余年去挽回弟弟的性命，却被告知，自己的余年也所剩无几。

　　《晋书·王徽之传》记载了王徽之对弟弟最后的深情：

　　　　未几，献之卒，徽之奔丧不哭，直上灵床坐，取献之琴弹之，久而不调，叹曰："呜呼子敬，人琴俱亡！"因顿绝。先有背疾，遂溃裂，月余亦卒。③

　　由于王献之没有儿子，王徽之生前将自己的儿子王静之过继给了弟弟。王静之官至义兴太守，无所作为。王徽之的另一个儿子，名叫王桢之，做过大司马长史，略有名气。王桢之之所以在王家第四代中略有名气，是因为他成功化解了一次危机。

　　那已经是王徽之病死十六年后的事了，有造反称帝之心的桓玄自封太尉，召集群臣议事。他问王桢之："我与你去世的七叔王献之比起

---

①　《世说新语笺疏》，第 637—638 页。
②　《世说新语笺疏》，第 642 页。
③　《晋书》卷八十一《王徽之传》，第 2104 页。

来，怎么样？"（我何如君亡叔？[①]）满座大臣都紧张得屏住了呼吸，因为如果答得不好，后果可能很严重。一片死寂之中，王桢之从容不迫回答："我亡叔是一时的典范，您是千载难遇的英豪。"（亡叔一时之标，公是千载之英。）

王桢之回答得十分得体，既没有得罪桓玄，也维护了叔叔的尊严，于是"一坐皆悦"。

实际上，无论他回答得多么机智，都于琅琊王氏的光彩无补。历史大舞台的追光，正在偏离琅琊王氏。

① 《晋书》卷八十一《王桢之传》，第 2104 页。

六、风流宰相谢安：一盘棋决胜千里之外

把江山好处付公来，金陵帝王州。想今年燕子，依然认得，王谢风流。只用平时尊俎，弹压万貔貅。依旧钧天梦，玉殿东头。

看取黄金横带，是明年准拟，丞相封侯。有红梅新唱，香阵卷温柔。且画堂、通宵一醉，待从今更数八千秋。公知否，邦人香火，夜半才收。

（[宋]辛弃疾《八声甘州·把江山好处付公来》）

"王谢"之"谢"，指陈郡谢氏家族。东晋陈郡谢氏的不二代言人，当属谢安。他小王导44岁，同样官至宰相，其为政主事，常被人以王导作比，同时又被认为文雅超过王导，就连王导五世孙、南齐文学家王俭也称赞"江左风流宰相，唯有谢安"。

谢安最为人所知的功绩，是谋划布局淝水之战，击溃前秦，保全东晋国运。一生渴望建功立业的李白，写诗致敬谢安："但用东山谢安石，为君谈笑静胡沙。"①

01

当五十多岁的王羲之意欲退隐时，三十多岁的谢安也秉承了他退隐山林的志向。一个是心累，不想干了；一个是贪玩，不想干了。谢安是后者。

---

① 郁贤皓选注：《李白选集》，上海古籍出版社，1990年，第360页。

游山。找个隐秘的石室坐下来，面朝深峻的峡谷，打坐修身，那感觉就似天上人间。玩水。和王羲之、孙绰等人一起泛海出游，风起浪涌，船儿颠簸，无惧前行，长啸复长吟，多么潇洒。还要带上几位美女，歌舞助兴，有声有色。

这样过日子，谢安喜欢。但是有人不喜欢，不喜欢谢安如此荒废才能，他们觉得，陈郡谢氏子弟，应当多为国效力。

陈郡谢氏，在南渡之前，名气并不大。谢安的曾祖谢缵，初显于仕宦，祖父谢衡则因学识渊博而任国子博士，虽然进入了中央，但级别并不高。谢安的父亲谢裒，南渡之后，曾任太常卿，地位也不显赫。

为谢家带来较高声誉的，是谢安的伯父谢鲲，他虽然对仕宦持消极态度，官止豫章太守，但社会名望很高。谢鲲之子、谢安的堂兄谢尚，是陈郡谢氏走向辉煌的重要人物，在政界官至三品尚书仆射，在军界至二品卫将军。谢鲲之女、谢安的堂姐谢真石，嫁给了褚裒，他们的女儿褚蒜子，即后来有名的康献皇后、崇德太后，曾三度临朝，扶立六位皇帝。当然，这是后话。

陈郡谢氏，比上不足，比下有余。作为世家子弟的谢安，自小就免不了被人评头论足。谢安四岁那年，谯郡桓彝见到他，赞叹："此儿风神秀彻，后当不减王东海。"[1]王东海指太原王氏家族的王承，南渡之前曾担任东海太守，是东晋初年名士。再大一点，到了总角之年，也就是十岁上下的谢安，"神识沈敏，风宇条畅，善行书"[2]。

到了弱冠之年，也就是二十岁的时候，谢安需要出来见更大的世面了。他去京都建康拜见太原王氏的名士王濛，两人聊了一会儿，等他离开后，王濛与其子王修之间展开了一段对话。

王修问王濛："刚才的客人和老爸您比起来怎么样？"这孩子真不懂事，听上去有点挑战老爸权威的味道。但没关系，这就是魏晋名士的风

---

[1]　《晋书》卷七十九《谢安传》，第 2072 页。
[2]　《晋书》卷七十九《谢安传》，第 2072 页。

格。老爸果然是名士,回答:"刚才的客人勤勉不倦,以后会超过前人。"(濛子修曰:"向客何如大人?"濛曰:"此客亹亹,为来逼人。"①)

另一位社会地位更高、名望更高的"老王"——王导,也很器重谢安。有了老前辈和老老前辈的加持,谢安的前途一片光明。

但谢安对"前途"似乎并不关心。司徒府请他去做事,他拒绝了,朝廷安排他去做著作郎,他也拒绝了。王导去世后,庾亮病重,庾亮之弟庾冰掌握大权,庾冰一心想让谢安来帮他,三番五次敦促他应召。谢安实在拗不过,只得去上任。干了一个多月,他又找借口辞职了。再以后,不管谁喊他出来做官,他都一概拒绝。年纪轻轻的他,就喜欢住在会稽,和王羲之等一帮老先生一起玩儿。

堂堂七尺男儿,不务正业,每天就知道吃喝玩乐,时间一长,夫妻矛盾就产生了。谢安的夫人姓刘,是名士刘惔的妹妹,一位见多识广、很有主见的女士。她深信一个道理:男人就像手里的风筝,得让他飞,但时不时要把线紧一紧,否则可能就飞脱线,掉进臭水沟。

有一回,丈夫的好朋友孙绰和孙统兄弟俩来做客,待到天黑还不肯走,非要住一宿,秉烛夜谈。刘夫人隔着墙壁,把他们那些拉拉杂杂的废话一字不落都听进去了。

第二天,谢安问夫人,昨天来的客人怎么样啊? 刘夫人呛他一句:"我那已经去世的兄长门下,从来没有这样的宾客!"(亡兄门,未有如此宾客。②)潜台词,夫君啊,您这两位朋友,档次有点低。谢安听了,惭愧不已。

谢安忙着游山玩水,教育孩子的重担,就落在刘夫人肩上了。刘夫人有牢骚:"你这做父亲的,怎么就不教育教育孩子呢?"(那得初不见君教儿?③)谢安回答:"我常自教儿。"他的理念是,教育孩子,不在乎说多

---

① 《晋书》卷七十九《谢安传》,第 2072 页。

② 《世说新语笺疏》,第 985 页。

③ 《世说新语笺疏》,第 46 页。

少，而是要拿出实际行动，以身作则让他们看。

深谙教育真谛的谢安，不仅教育自家孩子，还教育众多侄子侄女。比如，谢安大哥谢奕的儿子谢玄和谢玄的姐姐谢道韫，就长期生活在谢安身边，在思想上、学问上都受到谢安影响，后来成长为出类拔萃的人物。

谢安的另一位侄子、其二哥谢据之子谢朗，名气和才华稍逊于谢玄，但后来也很有作为，他的成就也与谢安的悉心教导有关。

有一回，谢朗听来一个笑话，说从前有个呆子爬到屋顶上去熏老鼠，谢朗听得乐不可支，到处跟人讲。其实，谢朗不知道，那个被人嘲笑的呆子，确有其人，就是他的父亲谢据。谢安当然知道这件旧事，但他不能当着侄子的面说出实情，那相当于既侮辱侄子，也侮辱自己的二哥谢据。怎么才能管住侄子的嘴？谢安有办法，再听到谢朗提起熏老鼠的笑话，他说："世上的人都用这件事诽谤我家二哥，还说是我和他一起干的。"（世人以此谤中郎，亦言我共作此。[①]）听到叔叔的话后，谢朗又羞又躁，把自己关在家里一个月没出来。当时的人都认为，谢安假托自己有错，用这样的办法来启发教导侄子，堪称德教。

当谢安在家优哉游哉时，他的一众兄弟，都努力在外打拼，而且业绩都不错。尤其谢安最喜欢的弟弟谢万，在大哥谢奕去世后，接任西中郎将、豫州刺史，并领淮南太守，负责守边重任。看到家族里的各位兄弟都功成名就，刘夫人有点羡慕，半开玩笑地对谢安说："大丈夫不当如此乎？"谢安的表现很有意思，"乃捉鼻曰：'但恐不免耳！'"[②]捉鼻，是《世说新语》里的用词，《晋书》卷七十九《谢安传》中用的是"掩鼻"，无论是捉还是掩，都表现出谢安的不情愿，或者说对出仕为官的不屑。

但谢安心里明白，出仕是早晚的事。当时摄政的琅琊王、后来的简文帝司马昱，也深知这一点，他说："安石既与人同乐，必不得不与人同

①　《世说新语笺疏》，第 1070 页。

②　《世说新语笺疏》，第 941 页。

忧,召之必至。"①安石,是谢安的字,司马昱认为,谢安既然能在会稽与人同乐,也必定能出山与人同忧,再征召他,他肯定会应召。只是需要一个恰当的时机。

02

时机来得很不恰当。

升平三年(359),谢万北伐前燕,大败溃退,治下许昌、颍川、谯郡、沛郡等郡县尽皆陷落。谢万单骑狼狈逃还,被废为庶人。

为了家族荣誉,四十岁的谢安,无奈出仕。谢安这次出仕,留下了一个成语,东山再起。

从会稽东山(今浙江绍兴上虞),前往京城建康,那里是帝国的心脏。然后前往姑孰,去做桓温的属官,职当司马。姑孰,当时又称南州,即今天的安徽马鞍山当涂,六朝时期,是拱卫京城的军事重地,坐镇此地的,必须是朝廷重量级人物,比如,一品大员、大司马桓温。桓温在姑孰,过着目无天子的潇洒日子,把南州修整得比建康城还要气派宏伟。

从建康去姑孰任职,城南的新亭是必经之地,朝廷那些与谢安有交往的大臣们都来送行。时任御史中丞的高崧,也前来送别。临别前,高崧对谢安说:"您屡次违背朝廷旨意,高卧东山,百官常常议论说,谢安石不肯出山做官,将怎样面对江东百姓!而今,江东百姓将怎样面对谢安石呢?"(卿屡违朝旨,高卧东山,诸人每相与言:"'安石不肯出,将如苍生何!'今亦苍生将如卿何?"②)

看似平常的话,其实充满了调侃味,还有一些嘲弄在其中。高崧言下之意是:才能卓越的谢安,向来把自己塑造成一位不沾功名的隐士,不肯为天下苍生奔忙;如今,隐士说不做就不做了,恐怕要被天下的百

① 《晋书》卷七十九《谢安传》,第 2073 页。
② 《世说新语笺疏》,第 941 页。

姓笑话了。

面对同僚的调侃和嘲弄，谢安笑而不答。年轻的时候，他在乎别人的评价，因为那时候需要口碑，需要名气。现在，不惑之年的他，早就不在意那些了，他很清楚自己到底需要什么，也很清楚自己正在做什么。

桓温有远大的目标，一直广招各路人才，能延揽来谢安这样的名士，觉得倍有面子，天天拽着人家谈人生。一谈就是一整天，终于谈累了，谢安回去了，桓温还要恋恋不舍地对左右的人夸谢安："你们什么时候见过我有这样的客人啊？"（颇尝见我有如此客不？①）在他眼里，形容谢安怎一个好字了得！

兴致来了，桓温也不嫌委屈自己，找上门去拜访谢安。有一次，桓温到了，谢安大概刚起床，正在里面梳头发，他是个慢性子，而且对发型一向要求比较高。侍从忙来忙去，好一阵子，总算差不多了。知道领导一直在外面等着，谢安觉得很不好意思，让侍从赶紧取头巾来戴。当时的男子，在公开场合的主要头饰有帻和冠帽，帻就是头巾，戴起来不那么麻烦，是相对休闲的装扮；冠帽戴起来比较复杂，花费的时间多，是更为正式的装扮。为了不让桓温多等，谢安决定戴上头巾出来见人。

桓温显然理解谢安的心思，大手一挥说："令司马著帽进。"②在桓温看来，既然谢安注重打扮，那就要充分尊重人家的习惯，他愿意为此在外面多等一会儿。

桓温对谢安的敬重，大家有目共睹，以至有人为了讨好谢安而公开违反桓温的旨意。

谢安出仕后，把一群门生也带出来了。看到谢安兼济天下了，门生们也想跟着老师一起为国效力。事关一大批人的就业问题，谢安很重视。他觉得应该让年轻人到农业口子去锻炼锻炼，了解民生疾苦。于是，找到管理农事的田曹郎中赵悦，让他给安排安排。

---

① 《晋书》卷七十九《谢安传》，第 2073 页。
② 《晋书》卷七十九《谢安传》，第 2073 页。

谢安的事，赵悦不敢马虎，但一下子扩招这么多人，是件大事情，有必要跟桓温汇报一下。听了赵悦的汇报，桓温答复："且为用半。"他认为人是有点多，但这是谢安推荐来的，无论如何得用，先用一半，后面再说。

也不知道赵悦怎么找到那些空位子，反正没多久，他就把谢安推荐来的人都给安排上了。赵悦做得理直气壮，而且振振有词："从前，谢安石隐居在东山，朝廷大员催促逼迫不已，一个劲儿地希望他出仕。如今，他带来的这些人，都是他亲自从乡里选来的，我反而要违背他的意愿吗？"（昔安石在东山，缙绅敦逼，恐不豫人事；况今自乡选，反违之邪？①）

谢安既然没意见，桓温更没意见。桓温看谢安，怎么看都满意。

谢安在圈子里，名声一直都不错，但就是因为这次出仕，多了个小尾巴，老被人揪住调侃。遇到这种情况，桓温这位绝世好领导就会很体贴地帮他解围。

《世说新语·排调》中有一段记载：

有人送了一些草药给桓温，其中有一味，名叫"远志"。桓温拿在手里看看，觉得似曾相识，再想一想，张口问谢安："这种草药又名小草，为什么一种东西有两个称呼？"不等谢安发话，坐在一旁的同事郝隆先开口了："这很容易理解，隐藏起来的时候就叫远志，出来了就是小草。"（谢公始有东山之志，后严命屡臻，势不获已，始就桓公司马。于时人有饷桓公药草，中有"远志"。公取以问谢："此药又名'小草'，何一物而有二称？"谢未即答。时郝隆在坐，应声答曰："此甚易解：处则为远志，出则为小草。"谢甚有愧色。桓公目谢而笑曰："郝参军此过乃不恶，亦极有会。"②）

原来，这种草药确实有两个名字，根部叫"远志"，叶子叫"小草"。

---

① 《世说新语笺疏》，第 566 页。
② 《世说新语笺疏》，第 944 页。

郝隆是桓温幕下的参军，他这个人生性诙谐，爱说俏皮话。表面上他在回答桓温的问题，但实际上话里有话，在调侃谢安未能坚守退隐之志，前半辈子其实是个相时而动的假隐士。

谢安早已习惯被人调侃，但他很配合，也很有社交礼仪地露出一脸不好意思的表情。桓温对郝隆的话也是心领神会，他看看谢安，然后笑着打圆场，说郝参军如此调侃并非出于什么坏心思，而且话说得挺有趣。

这个圆场，其实没必要。谢安宠辱不惊，提得起，也放得下。什么时候该提，什么时候该放，他清清楚楚，明明白白。

谢安在桓温幕下仅两年。他的来和走，都和弟弟谢万有关。升平五年（361），谢万病逝，谢安投书桓温请求奔丧，就此离开。不久，谢安被任命为吴兴太守，后被征召入朝，担任侍中，又升任吏部尚书、中护军。

而他离开桓温，还有一个重要的原因：道不同。

03

桓温，这位富有雄才大略的野心家，一直视王敦为榜样。王敦当年有问鼎之志，可惜病亡失败。桓温亦有此志，他一直在精心布局，周密筹划。

郗超是桓温的好帮手，太和六年（371），桓温依照郗超进献的废立之计，逼崇德太后褚蒜子下诏，废皇帝司马奕为东海王，并拥立会稽王司马昱为帝，即后来的简文帝。简文帝虽被立为皇帝，却是地地道道的傀儡，见到桓温，他总是胆战心惊地致敬。

纲常已乱。桓温野心，举朝皆知。谢安自然也知道，他尝试着用自己的方式劝诫桓温。见到桓温，谢安规规矩矩地行一个跪拜礼。桓温大吃一惊，赶紧扶起谢安，问他这是干什么？这一问，正中谢安下怀，他回答："皇帝见了您都要行礼，我们这些做臣子的，怎么能站着？"（未有君拜于前,臣立于后!①)

　　话说到这份上,桓温自然明白。他既没有发怒,也没有收敛自己的野心。接下来,还有许多重要的事情要做。桓温找来郗超,商议铲除朝廷里的一些大臣,这个命令当然要以皇帝的名义发布,但宣的是桓温的威。两人拟好条款文书,写好奏疏,已是深夜,郗超于是留宿桓温家。

　　第二天早晨,桓温醒后,叫来谢安和王坦之,把准备呈送给皇帝的奏疏丢给他们看,征求他们的意见。王坦之是王述的儿子,和谢安一样,他之前也曾在桓温手下做事。此时的桓温,既要杀人树威,也要拉拢人心,谢安和王坦之,在他看来,都是值得拉拢的人。

　　看了奏疏,谢安一句话也没说,王坦之则径直把奏疏丢还给桓温,并说了一个字:“多。”王坦之和他的父亲王述一样,是个急性子,心里藏不住事,他对这个奏疏不满意,认为要杀的人太多了。他这一开口,旁边的谢安心里一凛。谢安知道,此时的桓温,随时可能会起杀心。谢安心里虽然紧张,但表面镇定自若。

　　桓温并没有动怒,相反,他很重视王坦之的意见,取出笔,想把名单上的名字删掉一些。躺在帐子里的郗超,一直关注外面的动静,此时,他不知不觉开口讲话,帮桓温拿主意。

　　原本以为只有三个人的房间里,突然多出来一个人,出乎谢安的意料。听那人的声音,再通过帐子掀开的一角,看那人的脸,谢安心里顿时有底了。他含笑说了一句俏皮话:“郗先生称得上是入幕宾啊。”(郗生可谓入幕宾也。)宾,客人的意思,但在这里有双关意,郗超小字嘉宾,人称郗嘉宾。

　　谢安一句话,使得原本潜在巨大危机的场面,顿时松弛下来。而“入幕宾”,此后也以典故的形式一直保留了下来,指参与机密、为人出谋划策者。

　　桓温的计划在继续,他强势打压皇室宗族,清扫殷氏、庾氏两大家

---

　　①　《世说新语笺疏》,第 949 页。

族，动手除掉庾冰之子庾倩、殷浩之子殷涓等一大批人。朝廷上下，阴云密布。作为桓温代言人的郗超，也骄横不可一世，引得人人惧怕。谢安此时要做的，是使出浑身解数维持各方力量的平衡，最大可能降低晋廷倾覆的危机。

谢安是孤独的，他的搭档王坦之，并不完全理解他的苦心。且举一例说明。他们有次一起去拜访郗超，临近正午仍未得见，王坦之怒极，欲拂袖而去，谢安只得耐着性子小声劝说："为了性命难道就不能忍一忍吗？"（不能为性命忍俄顷？①）

谢安的良苦用心，当然无法阻拦桓温。

咸安二年（372）七月，在位仅八个月后，受尽侮辱的简文帝司马昱，因忧愤惊惧而崩。桓温笃信，这位懦弱的皇帝会将皇位让给自己。然而，简文帝临终之前却硬气了一回，他立皇子司马曜为太子，并传位于司马曜，即后来的晋孝武帝。满心欢喜准备接管司马氏江山的桓温，只捞到辅政大臣的待遇。桓温认定谢安和王坦之从中捣鬼，怒不可遏的他带兵直逼建康。军队到了新亭，他派人传唤谢安与王坦之，准备将他们诓到新亭杀害。

杀气腾腾的邀请，谢安和王坦之很快就收到了。有意思的是，一向以率性果敢示人的王坦之，被吓得直哆嗦。而谢安，仍旧保持着他惯常的从容。

怎么办？去，还是不去？王坦之胆战心惊地找谢安商量。谢安回他："晋祚存亡，在此一行。"②就这样，王坦之被谢安拖到了新亭。

鸿门宴已经摆好，披甲执刀的士兵四面埋伏，只待猎物到来，闻令即动。

谢安和王坦之来了。王坦之汗流浃背，两股战战，慌乱之中，手板都拿倒了。谢安保持着惯常的镇静从容，拾级而上，走近座席，一边走，

---

① 《世说新语笺疏》，第 439 页。
② 《晋书》卷七十九《谢安传》，第 2073 页。

一边用洛阳话吟诵嵇康的《赠秀才从军》十三:

> 浩浩洪流,带我邦畿。
>
> 萋萋绿林,奋荣扬晖。
>
> 鱼龙瀺灂,山鸟群飞。
>
> 驾言出游,日夕忘归。
>
> 思我良朋,如渴如饥。
>
> 愿言不获,怆矣其悲。①

　　用洛阳话吟诵,在东晋上流社会非常流行。对南渡士族而言,乡音是最美的,但因为久居江南,他们的洛阳话说得越来越不正宗,尤其到了二代三代,已然南腔北调,一口四不像语言。谢安虽然是"南二代",但患有鼻炎,讲话瓮声瓮气,鼻音很重,而这恰恰是洛阳话的特点,因此,他的洛阳话听上去很标准,为人所称赞。

　　桓温爱惜有才的人,而且与谢家有旧,听到谢安的"洛生咏",再看到谢安如此坦荡,他的怒气消了一半。谢安坐定之后,开始跟桓温讨论"道":"安闻诸侯有道,守在四邻,明公何须壁后置人邪?"②我听说,有道的诸侯应该守卫四方,邻居就不敢来犯,您这样有地位有名望的人,何必要壁后藏人图谋不轨呢?

　　谢安问得直截了当。若非万不得已,桓温其实也不想背上大逆不道的罪名,随即撤走伏兵。谢安与王坦之转危为安。王坦之其人,当初与谢安齐名,经此一劫,世人对他们的评价有了高下之分。

　　桓温在建康盘桓数日后,回镇姑孰,没过多久,便病倒了。病床上的桓温,时刻关注着建康城内的动静。新登极的晋孝武帝,只有十岁,军事上仰仗桓温,政治上仰仗谢安。身在朝中的谢安,出于公务的需

---

① 张亚新校注:《嵇康集详校详注》,中华书局,2021 年,第 58 页。
② 《晋书》卷七十九《谢安传》,第 2073 页。

要，与桓温保持着密切往来。他为简文帝写的谥议，写好后传给桓温看，桓温对谢安犹有余怒，但还是忍不住称赞此文"谢安石碎金"①。碎金，即小杰作。

得知桓温生病，谢安从建康来姑孰探视。远远见谢安从外面走来，桓温遗憾自己门下没有这样的人才，发出叹息："吾门中久不见如此人！"②

桓温的病情越来越重，他决定和时间来一场赛跑。桓温命令吏部郎袁宏草写奏表，暗示朝廷对他加九锡。九锡别有深意：被西汉授九锡的王莽，后废汉室建新朝；被东汉授九锡的曹操，其子曹丕建立曹魏；司马懿、司马昭父子，先后被曹魏授九锡，司马昭之子司马炎后来以晋代魏。

桓温篡逆之心，昭然若揭。草写的奏表，先是递到了谢安手中，需由他呈递给皇帝。拿到奏表，谢安二话不说，亲自动手修改。改来改去，十多天还没改好，那边桓温却已撒手而去，再也看不到这份奏表。桓温一死，加九锡之事随之作罢。

谢安用十二年时间跑赢桓温，稳住了司马氏的江山。

04

在谢安的辅佐治理下，东晋在晋孝武帝司马曜时代，迎来了一段相对和稳的岁月。

其时，强敌频繁扣边，告急文书接连传来。面对危机，谢安镇定自若，先在国内稳住人心。谢安视已故前丞相王导为自己的榜样，广行德政，聚合文武百官同心同德，不计小过专心大事、流布恩威，是他的治国理念。

三岁看大，七岁看老，谢安的执政风格，与他自小的性格、修为一脉

① 《晋书》卷七十九《谢安传》，第 2073 页。
② 《世说新语笺疏》，第 566 页。

相承。

谢安童年时期，跟随担任县令的兄长谢奕在剡县生活。有一位老人犯了法，谢奕罚他喝烈酒。老人喝太多，醉得不省人事，谢奕还是不肯罢休。谢安当时只有七八岁，穿着青布裤子坐在兄长身边，他为老人求情："阿哥，老人家挺可怜的，怎么可以这样做呢！"（阿兄，老翁可念，何可作此？）听到弟弟的话，谢奕的脸色缓和了下来，问："阿奴欲放去邪？"①这里的阿奴指谢安，是谢奕对弟弟的昵称。谢奕被弟弟的善良仁厚感动，放走了老人。

青年时期的谢安，曾经和王羲之同登建康城西的冶城。冶城位于今南京城西的朝天宫一带。据传，春秋末年，吴王夫差在此地筑城，建起了较大规模的冶铸作坊，冶炼铜铁，铸造兵器，冶城之名由此得来。

登上冶城，回望历史，谢安与王羲之悠然遐想，纵论江山：

> 王谓谢曰："夏禹勤王，手足胼胝；文王旰食，日不暇给。今四郊多垒，宜人人自效。而虚谈废务，浮文妨要，恐非当今所宜。"谢答曰："秦任商鞅，二世而亡，岂清言致患邪？"②

王羲之认为，治国理政应当勤奋实干，并举古代贤明君主夏禹和周文王的事迹为例予以说明。这是针对当时东晋朝廷边境战事频繁的现状有感而发，王羲之反对清谈浮华之风，认为这样不利于治国平乱。谢安对王羲之的话不以为然，喜好清谈的他认为，国家的兴衰存亡，与是否清谈没有关系。谢安也举了一个例子证明自己的观点——秦朝任用务实的商鞅实行变法，但只延续两代就败亡了。

谢安向来主张采用温和的政策来治理国家，桓温死后，他全力辅佐的晋孝武帝司马曜，仍旧贯彻执行从前的理念。和王导一样，他认为唯

---

①　《世说新语笺疏》，第 41 页。

②　《世说新语笺疏》，第 153 页；《晋书》卷七十九《谢安传》对此事亦有记载。

有确立皇权至上，然后联合大族，才能赢得长治久安。

晋孝武帝即位后，居住的宫室年久失修，多有损毁，谢安不顾尚书令王彪之等人的劝阻，决定重修宫室。他请人依照天象设计宫室，强调皇权天授的礼制传统，宫室建成后，自上而下都很满意。随后，谢安上书主张复兴衰败灭亡的诸侯和贵族世家，寻找晋初功臣的后代而加以封赏。一个如东晋初年大族与皇室联合执政、互相制衡的局面再度出现，而这也被历史证明是稳定的不二法则。

孝武帝年纪渐长，开始亲理朝政，他十分倚重谢安，先是晋升谢安为中书监、骠骑将军、录尚书事，但谢安坚决辞让军中头衔。不久，朝廷加封谢安为司徒，他统辖的后军文武官员都配上高级府第，谢安又辞让不受封。其后，朝廷又加封谢安为侍中，都督扬豫徐兖青五州及幽州之燕国诸军事，假节。

谢安位极人臣，但他始终秉持以大局为重的原则，在朝中谦虚待人，平和做事。谢安任中书监时，有一次因公事和王珣同到中书省。王珣是王导的亲孙子，当年王、谢两家交好，王珣娶了谢安弟弟谢万的女儿为妻，王珣的弟弟王珉娶了谢安的女儿为妻，但后来两对年轻人婚姻关系破裂，两家人关系也转恶。

这天，谢安先到了中书省，王珣后到，由于座位窄小拥挤，谢安于是收拢双膝容纳王珣同坐。谢安认真端详着这位小自己 19 岁的晚辈，觉得他神态闲适舒畅，惹人喜爱。晚上回家后，谢安向夫人感叹："向见阿瓜，故自未易有。虽不相关，正是使人不能已已。"[①]阿瓜是王珣的小名，即便他已经不是谢家女婿，谢安也不计私仇，豁达地称赞他是难得的人才。

官居高位的谢安，最为难得的是，还像幼时那样，保有一颗仁爱之心，体察普通人的疾苦。当时，有不少难民从北方逃亡到南方，他们中有的被强征去服兵役，有的被豪强大族藏匿起来，成为私有财产。一些

---

① 《世说新语笺疏》，第 584 页。

不肯服兵役和做仆役的人，侥幸逃脱，藏匿在秦淮河南塘的船上。朝廷里有人提出，应该搜查船只，把这些人抓起来。谢安反对这种做法，他说："如果不能容纳安置这些人，怎么能算是京都呢？"（若不容置此辈，何以为京都？[1]）

谢安有位同乡在中宿县（今广东清远市清新区）做官，罢职回乡前，去看望谢安。谢安问他带了多少积蓄回乡，这位为官清廉的同乡说，有五万把蒲葵扇。谢安于是取了一把留用，手拿蒲扇的他，俨然就是该款蒲扇的最佳形象代言人，那些爱时髦的京城士大夫与平民百姓，纷纷争相购买同款蒲扇。

谢安此举，颇似当年王导以官府库房里的白绢为自己制衣，白绢因为王导的抬爱而成为时尚面料，蒲扇也因为谢安的垂青而广受欢迎，身价倍增。清贫的同乡，在谢安的帮助下，钱袋子一下子鼓起来了。

谢安治国理政、为人处世，时时令人想起已故的前丞相王导，但人们又普遍认为，他的文雅超过王导。

谢安喜欢音乐、舞蹈、歌咏，生长于富贵之家的他，还喜欢风雅精致的生活。为此，常常遭到人们的非议，但他不以为意。

谢安还有个特点，跟王导一样，怕老婆。谢安喜欢看美女跳舞，刘夫人就喊美女来跳舞助兴，但只许看一眼，就放下帷幕挡住，只闻其声不见其人。谢安强烈要求打开帷幕，夫人很体贴地表示：不能打开，会损害大人您的美德。

成书于唐代的《艺文类聚》与成书于宋代的《太平御览》，均录《妒记》中关于谢安夫人刘氏的一段旧事，刘夫人被打上了"妒妇"的标签。

据记载，谢安按捺不住痒痒，想纳妾，但刘夫人不许。一帮侄子、外甥知道后，决定帮帮谢安，积极地跑到刘夫人那里去做工作。他们搬出来一堆古代妇女贤德的例子，还搬出"关关雎鸠，在河之洲"，告诉刘夫人，不让夫君纳妾，会损害人妻的美德。刘夫人反问几个晚辈，这首诗

---

[1] 《世说新语笺疏》，第 220 页。

是谁写的。晚辈回答，是周公写的。夫人妙对："周公是男的，当然这么写，如果让周姥写，肯定就不会这么写了。"(周公是男子，相为尔，若使周姥撰诗，当无此也。①)

博闻聪慧的刘夫人，把家庭关系拿捏得死死的。连自己老婆都弹压不住的谢安，按照当时的标准衡量，是个胆小懦弱的男人。然而，事实证明，那些动辄对老婆吆三喝四、怒目相向的男人，可能充其量也就只是个"窝里横"。谢安的宏图不在自家后院里，而是画在东晋帝国的边境上。

05

太元八年(383)，前秦苻坚率领号称百万之众南下，攻打东晋。此前，东晋军队连连战败，得知前秦军逼近淝水后，建康城里更是一片惶恐。

谢安以征讨大都督的身份负责军事，并派出弟弟谢石、侄子谢玄等率兵八万前去抵御。

开赴战场前，谢玄向谢安问应敌之计，谢安神情泰然，毫无惧色，回答说朝廷已另有主意。说完默然不语。随后，谢安驾车去山中别墅，并把谢玄等亲戚朋友都叫来。

谢安坐下来和谢玄下棋，并将别墅作为赌注。一向棋艺不如谢玄的他，竟然赢了。于是，他喊来外甥羊昙，将别墅赠与他，自己则外出登山游玩，一直到夜里才回来。谢安连夜部署将帅，面授机宜，第二天便送将领出征。

这一战，史称"淝水之战"。开战之时，前秦的兵力是东晋的十倍多，晋军战败几无悬念。然而，坐镇建康的谢安似乎并无担忧。将士们在前线鏖战之时，谢安却怡然自得与客人下着围棋。棋局进行中，从前

---

① 鲁迅：《古小说钩沉》，齐鲁书社，1997 年，第 230 页。

线派来的信使到了。谢安接过信看完，什么话也不说，继续下棋。客人询问谢安前线战事究竟如何，谢安回答："小儿辈大破贼。"他的神态举止，和平时没有任何区别。

史书记载，淝水之战，晋军在战场上实现大逆转。苻坚损兵折将，自己也身中利箭，孤身北返。此一战，东晋国内民心大振，东晋军队则乘胜北伐，收回黄河以南大片故土，并自此保持了数年的边境安宁。苻坚兵败后，前秦国内陷入混乱，两年后，苻坚被人杀害。

淝水之战，是中国历史上著名的以少胜多的经典案例。这段事迹，《晋书·谢安传》的记载，前面部分和《世说新语》大同小异，结尾处则展露了谢安的另一面：他下完围棋走回里屋，由于内心激动，走路磕绊，木屐上的齿子碰掉了，也没有发觉。（既罢，还内，过户限，心喜甚，不觉屐齿之折，其矫情镇物如此。[1]）

宋代的李焘点评谢安在淝水之战期间的作为，认为他"镇之以安，谋之以静。其始也，游历山川，示之以不足畏；其终也，对客围棋，示之以不足喜。所以激来人之心，而使之不惧，使江左之人，知五胡之么麽，不足芥蒂，则始可用矣。此安石之深谋也"[2]。

谢安不仅是卓越的政治家、军事家，也是极为专业的心理学家，他临危不惧，以惊人的定力凝聚了东晋朝廷上层的人心，做好了战争期间的心理建设，为淝水之战的胜利奠定了基础。

因统率作战有功，淝水之战后，谢安晋封太保，想乘势统一天下，上疏请求亲自率兵北征。孝武帝诏令谢安都督扬、江、荆、司、豫等十五州军事，持黄钺，其余官职照旧，设置从事中郎二人。对谢安请求亲自北征之事，则不予支持。

面对高官厚禄，谢安再一次表现出谦和本色，他上书辞让太保之职及爵位，被孝武帝驳回。当时，桓温之弟桓冲已去世，荆、江二州都空缺

---

① 《晋书》卷七十九《谢安传》，第 2075 页。
② ［宋］李焘：《六朝通鉴博议》，南京出版社，2007 年，第 202 页。

刺史，舆论认为应当将二州统领之职授予甫立高功的谢玄。而谢安一方面担心谢氏被朝廷猜忌，另一方面又担心桓氏家族不服，于是任命桓温侄子桓石民为荆州刺史，桓石民之兄桓石虔镇守豫州，改桓伊镇守江州。谢氏与桓氏相安无事，朝廷亦得安稳。

在谢安的辅佐下，东晋皇室收回了实权，但与此同时，在门阀政治下隐忍已久的孝武帝司马曜亦开始削弱谢安的权力，他信用其弟会稽王司马道子，排挤谢安。谢安被迫离开京城，镇守广陵的步丘。在步丘，谢安筑造新城，并制造海船，打算等到天下初定后，就从水道回会稽东山。可惜，不等愿望实现，谢安就病倒了。病中的谢安，仍旧不忘职守，上书朝廷对前线战事提出建议。

孝武帝得知谢安病重，派人赴新城慰劳谢安，请他还都。谢安自新城返回建康，得知车驾进入西州门，想到自己壮志未酬，感慨万分。冥冥之中，他想起从前做过的一个梦。

十多年前，正当桓温执政，与桓温道不相同的谢安，虽然表面上镇静自若，其实心底时时担心会命丧桓温之手。有一天，他做了一个梦，梦见自己乘坐桓温的车驾走了十六里，见到一只白鸡后停了下来。此刻的谢安，突然解开了这个旧梦：乘坐桓温的车驾，预示取代桓温的位子；十六里，从他执政到这一年刚好十六年；白鸡属酉，其时太岁星在酉，是凶兆，这一病可能大限将至。

太元十年（385）十月，谢安逝世，终年六十六。谢安死后，追赠太傅，谥号曰文靖，加封庐陵郡公。

都说要了解一个人，需要看他的对手如何评价他。谢安生前，与琅琊王氏、谯郡桓氏等大家族中的某些人关系不睦，但他们在谢安死后，给予了他充分的尊重。

琅琊王氏的王珣，与谢安交恶已久，听说谢安去世，准备去奔丧。他找堂兄弟王献之商量，王献之立刻表态支持他。王珣于是特意从会稽赶到建康来吊丧，但是谢安手下的督帅刁约，以谢安生前不愿意会见王珣为由，不让他上前哭吊。王珣不理刁约的拦阻，径直走上前痛哭。

哭完,也不与谢安的家人道别,出门而去。

谢安死后,桓温之子桓玄,想用谢安的老宅作为军营。谢安的孙子谢混说:"召伯之仁,犹惠及甘棠;文靖之德,更不保五亩之宅。"[①]谢混提到一个与召伯有关的典故,召伯其人,曾与周公共同辅佐周成王,他巡行南国,布施天子恩泽,曾在一棵甘棠树下休息,后来的人为了纪念他,一直不忍心伤害那棵树。谢混借用甘棠树的典故来警醒桓玄,以文靖公谢安的德行,这小小的老宅应当保留,如果拆掉,是违逆民心。桓玄听后,羞惭地放弃了打算。

很多人怀念谢安。他的外甥,那位在淝水之战前夕喜得一座别墅的羊昙,在谢安死后,好多年不听音乐,也不肯走西州门的那条路。有一天,他喝醉了酒,沿路唱歌,不知不觉到了西州门。听到左右提醒这是西州门,他伤感不已,一边用马鞭敲门一边吟诵曹植的诗句:"生存华屋处,零落归山丘。"随后痛哭着离开。

谢安留下的政治遗产和精神遗产都很丰富。谢安之后 700 年,一位失意的卸任宰相——王安石,来到已经更名为江宁的昔日建康城,定居在城东的钟山脚下,并将自己的居所取名为半山园。闲暇时,王安石常常在江宁城四处走动,每到谢安足迹曾踏过的地方,他就赋诗以作纪念。《谢安墩》之一:

> 我名公字偶然同,我屋公墩在眼中。
> 公去我来墩属我,不应墩姓尚随公。[②]

　①　《世说新语笺疏》,第 681—682 页。

　②　王水照主编:《王安石全集》第五册,复旦大学出版社,2016 年,第 567 页。王安石旧居在今南京城东半山园,谢安登临处在今南京城西朝天宫一带。明人顾起元《客座赘语》认为,王安石诗中所写谢公墩,并非谢安登临处,而是谢安侄子谢玄及其子孙旧居所在。谢玄受封康乐公,其孙谢灵运袭封祖父爵位。王安石将谢玄、谢灵运旧宅所在地误为谢安登临处。

谢安，字安石，与王安石的名相同。在他居住的半山园，可以看到谢安当年登临时曾歇息过的谢公墩。王安石隔空向谢安喊话：您已经走了这么多年，这墩子现在属于我了，也该改姓了。

调侃归调侃，联想到自己与谢安同样壮志未酬的晚年，王安石感慨万分，写下《谢安墩》之二：

> 谢公陈迹自难追，山月淮云只往时。
> 一去可怜终不返，暮年垂泪对桓伊。①

王安石虽然景仰谢安，但胆识过人的他并不迷信谢安，对谢安崇尚清谈的做法，他提出尖锐的批评，赋诗《谢安》：

> 谢安才业自超群，误长清谈助世纷。
> 秦晋区区等亡国，可能王衍胜商君？②

批评谢安清谈误国，实际上是对当时宋朝士大夫存在的坐而论道、不求实际的风气不满。王安石是对的，历史证明，在他死后41年，被北方少数民族驱逐出中原的赵宋皇室，将重走当年晋室南渡的路线。

---

① 《王安石全集》第五册，第568页。
② 《王安石全集》第五册，第648页。

七、淝水战神谢玄：脂粉男儿疆场逆袭

在陈郡谢氏的人气榜上，谢玄大约只能屈居第三。他的官位不如叔父谢安，文采不如其孙谢灵运。他以军功闻名，但在军界的职位只做到三品，死后才被追赠二品。

不过，翻开谢玄的履历表，你会发现，他是当之无愧的战神。他率领自己一手训练出来的闻名天下的北府兵，所向披靡，百战百胜，在关键时刻力挽狂澜，救东晋于倾覆。

01

小时候的谢玄，脂粉气有点浓，喜欢佩戴紫丝罗香囊，还像家里的姐妹一样，挂一方手帕在身上。

这种扭捏的样子，和他的父亲谢奕大相径庭。谢奕是有名的暴脾气，看到不顺眼的，张口就骂。有一回，他被王述惹恼了，见了面就开始数落人家。王述也是有名的暴脾气，跟个鸡蛋都能干上架，但落在谢奕手里，一声不敢吭，老老实实面壁半天，等谢奕骂够走人，他才回转头来。

谢奕还是个酒鬼，三杯两盏下肚，什么事儿都干得出来。他和桓温是老朋友，关系一直不错。桓温后来娶了南康公主，一路高升，非昔日可比。桓温发达后不忘老友，提携谢奕来做自己的属官。谢奕到了桓温帐下，还是像从前一样和他说笑逗乐，当着众人的面，也时常强迫桓温喝酒。面对这位不拘礼法的下属，桓温颇并不生气，只是站起来找个地方躲酒。他躲到哪里，谢奕就追到哪里。无奈之下，桓温只好躲进夫人南康公主的房间,谢奕这才作罢。

　　谢奕有八个儿子,谢玄是老七,谢玄的弟弟谢康被过继给了堂伯父谢尚,所以谢玄相当于家中老幺。也许正因为如此,家里对谢玄也就格外娇惯些。谢奕还生了著名的四朵金花——谢道韫、谢道荣、谢道粲、谢道辉,谢玄自小和姐妹们一起生活,也就沾染上了一些脂粉气。

　　由于谢奕长期在外做官,并且在谢玄十多岁时就因病去世,因此他的弟弟、长期赋闲在家的谢安,一直主动承担教育晚辈的职责。见侄子的性别意识有点错位,谢安深感担忧。他没有拿出长辈架势训斥侄子,而是找机会假装跟侄子打赌,把香囊和手帕赢过来,然后付之一炬。这一烧,把谢玄烧清醒了。

　　在叔父的引导下,谢玄的才华日益显露。史书记载他"神理明俊,善微言"[1],他擅长清谈玄理,能说出精深微妙之言。面对谢安的发问,也总是能给出与众不同而又令人赞叹的回答。

　　从前,晋武帝司马炎每次赐给山涛的东西总是很少。谢安拿这件事问子侄们,谢玄回答:"当由欲者不多,而使与者忘少。"[2]想必是因为山涛所要的东西不在多,因此皇帝也就不在意自己赠与山涛的东西少了。

　　山涛淡泊名利,器量宏大,谢玄可谓深谙其品性。

　　谢家子弟聚集在一起,谢安问他们,《诗经》里面哪一句最好。谢玄说他最喜欢"昔我往矣,杨柳依依;今我来思,雨雪霏霏"。

　　这几句诗从字面看,意境优美,充满诗情画意,但实际上,描绘的是士兵出征及归途的所见所思,饱含着在外作战的士兵对家乡的思念之情。《诗经》三百篇,谢玄最喜欢这首看似柔婉却以战争为题材的作品,这似乎是对他未来人生道路的一种暗示。

　　青少年时代的谢玄,喜欢读书,但是不读死书;他对任何人都不盲

---

①　《世说新语·言语》第七十八刘孝标注,《世说新语笺疏》,第162页。

②　《世说新语笺疏》,第162页。

从,始终保持独立思考,勇于发问。西晋"竹林七贤",是世所公认的名士,谢玄却认为他们的人品有高低之分,按照自己的标准为他们划出层次。名士刘惔,是谢安的内兄,谢玄的长辈,当时名望极高。谢玄对此不解,他问谢安:"刘惔的性情极为严峻,哪里值得如此敬重?"(真长性至峭,何足乃重?①)

谢安一直很喜欢自己的弟弟谢万,夸赞他是千年来独一无二的人物。谢玄当然很了解叔叔谢万,面对谢安的称赞,他大胆反驳,认为谢万有明显的缺点,胸襟怀抱比较狭窄,不配获得这么高的赞誉。(中郎衿抱未虚,复那得独有?②)

事实正如谢玄所说,谢万其人,举止轻浮,好自夸,名过其实。北伐失败后,谢万被废为庶人,两年后郁郁而终。

有独立自我见解的谢玄,性格却很平和。

他的大姐谢道韫,是一位才华横溢又有英武之气的奇女子,但脾气有点坏,像他们的父亲谢奕,对弟弟寄予厚望的她,常常出言不逊责骂弟弟:"你怎么就一点儿都不见长进呢? 是在操心世俗之事,还是你天分有限?"(汝何以都不复进? 为是尘务经心,天分有限?③)

被姐姐当成笨蛋嘲笑,谢玄并不生气,他一辈子都对姐姐敬重有加。

不管是在家里,还是在外面,他都能妥善处理各种人际关系。《世说新语·雅量》中记载了谢玄与琅琊王氏子弟的一段交往,颇能见谢玄为人处世的雅量。

有一次,王僧弥(王导之孙王珉,小字僧弥)、谢车骑(谢玄军号为车骑将军)和王小奴(王导幼子王荟,小字小奴)在王小奴家里聚会。王珉对着谢玄举起酒杯劝酒,说:"敬您一杯酒。"王珉这是在说客套话,他觉

---

① 《世说新语笺疏》,第 584 页。
② 《世说新语笺疏》,第 990 页。
③ 《世说新语笺疏》,第 821 页。

得谢玄应该客套地谦让一番才对。哪想到，谢玄不客气地说："该当如此。"王珉勃然大怒站起来，变了脸色，对谢玄说："你原本就是吴兴溪涧中一个钓鱼的羯奴罢了，怎么敢在这里装腔作势糊弄人！"

王珉的话有点狠。谢玄小名叫"羯"，当时"羯""羯"通用，羯是北方的少数民族，他们的生活方式不同于长期居住在中原地区的汉人，因此被正统的中原人瞧不起，王珉属于琅琊王氏南渡后的第三代，有着根深蒂固的种族论和血统论思想，自认为门第高贵，所以借谢玄的小名骂他是"羯奴"。为什么是"钓鱼的羯奴"？因为谢玄酷爱钓鱼，钓鱼技术不错，收获不小，送亲戚送朋友，还写进文章，以至于全世界都知道他爱钓鱼。为什么还带上吴兴，是搞地域歧视吗？原来，谢安担任吴兴太守期间，谢玄曾跟随他居住在吴兴。

自视颇高的王珉，不把谢玄放在眼里。这一骂，侮辱性极强。谢玄做何反应？他不仅没有生气，反而缓缓地拍着手笑起来，对王荟说："僧弥，你太不恭敬检点了，这是侵犯上国的人啊。"古代以中原国家为上国，谢玄这里意在表明谢家也是从中原南迁而来的士族，他用这种温和的方式将王珉的恶意给化解掉了。

> 王僧弥、谢车骑共王小奴许集。僧弥举酒劝谢云："奉使君一筋。"谢曰："可尔。"僧弥勃然起，作色曰："汝故是吴兴溪中钓碣耳！何敢诗张！"谢徐掌而笑曰："卫军，僧弥殊不肃省，乃侵陵上国也。"[1]

王珉的愤怒失态、出口伤人，与谢玄的潇洒稳重、平和宽容，形成鲜明的对比。在这种对比之后，是琅琊王氏的持续没落与陈郡谢氏的稳步上升。

---

[1] 《世说新语笺疏》，第 446 页。

02

剑鸣匣中，期之以声。随着陈郡谢氏家族的兴旺发达，谢玄的才华将拥有更广阔的施展天地。

东晋太元元年（376），孝武帝司马曜十五岁，崇德太后褚蒜子归政。少年天子虽然英明，但毕竟年轻，内外大事多依仗谢玄的叔父谢安。谢安的职位步步高升，先是进中书监、骠骑将军、录尚书事，不久又加司徒，再加侍中，都督扬豫徐兖青五州及幽州之燕国诸军事，假节。

与地位和权力对等的，是责任。东晋自立国以来，就打出了"克复神州"的旗号，也曾经多次组织北伐，但总体来说胜少败多，与武力强盛的北方诸国相比，长期处于守势。谢安执政之时，在东晋的北方边境，由氐族建立起来的强大的前秦政权，在国主苻坚的带领下，不断向周边开疆拓土，先后攻灭前燕、前仇池国、前凉、代国等北方割据政权，统一北方。向南，前秦也在扩张边界，东晋益、梁二州已被攻陷。

苻坚的目标，并不仅仅是东晋边境的州郡，他志在吞晋，一统天下。面对来势迅猛的前秦，东晋诸将相继败退。谢安需要帮手，帝国需要良将。谢安将目光瞄准了时年 34 岁的侄子谢玄，认为只有他能承担起北伐重任。

谢安举荐自己的侄子，是否合理？战场经验并不丰富的谢玄，能否胜任？朝中大员纷纷质疑。此时，谢家的政敌郗超，却果断表示支持。郗超了解谢玄的能力，也相信谢安此举，完全出于公心。

太元二年（377），谢玄拜建武将军、兖州刺史，领广陵相，监江北诸军事。

谢玄慷慨北征，然而对他的质疑和非议仍旧在继续。除了赞成派和反对派，还有一类旁观派。担任豫章太守的韩伯，便属于这一派。韩伯认为，谢玄其人，一向看重自己的名声，为了荣誉，必定会奋力作战。

别人为了国家出生入死，他却在后面冷嘲热讽，用今天的话说，这是典型的"键盘侠"言论。谢玄听到韩伯的言论后，非常气愤，当着众人面声色俱厉地表明态度："丈夫提千兵，入死地，此事君亲，故发，不得复云为名。"[1]在他看来，大丈夫率领千军万马拼杀疆场，为的是效忠君王，匡扶社稷。

的确，临危受命，谢玄面对的形势极不乐观。

太元三年（378），苻坚派遣其庶长子、征南大将军苻丕率军南下，围困处于东晋掌握之中的军事重镇襄阳。当时，东晋的防务沿淮河分布，已故大将军桓温之弟、车骑将军桓冲守上游，谢玄守下游。由于畏惧气焰强盛的前秦，桓冲将防守重点布局从江北转移到江南的上明（今湖北松滋）。他放弃主动进攻，消极被动防御，最终导致襄阳失守。

前秦在淮河沿线自西向东发起全面进攻，派出其兖州刺史彭超进攻东晋军事重镇彭城。彭城位于淮河以北，一旦被前秦突破，淮南诸城将陷于危机。守卫彭城的东晋将领戴逯，是名士戴逵的哥哥，他凭借门荫起家，人称武勇，后来受封广陵侯，官至大司农。但在彭城之战中，面对强大的前秦军队，戴逯表现得极其平庸，心生恐惧，布防不力。

彭城告急，早已在下游积极备战的谢玄，率领东莞太守高衡、后军将军何谦进驻泗口，救援彭城。

谢玄注重战前的情报工作，他部署了两件事，一是派出信使潜水送信给戴逯，告知援兵已到，以此稳定军心。信使田泓这边出了一点岔子，在即将抵达彭城时，被前秦士兵抓获。前秦诱降田泓，让他告诉城中守军，说晋军已败。田泓佯装答应，但到了城下，他将实情说出，随后遇害。谢玄做的另外一件事是迷惑敌人，声东击西。他探听到前秦的军械和粮草等军需物资放在留城，于是，放出信号，称将派出何谦率军袭击留城。前秦彭超闻信，为保留城而被迫放弃彭城。

见前秦退军，戴逯随即放弃彭城率众向南奔投谢玄。彭城失陷。前秦继续向南进攻盱眙，而此时，前秦大将俱难和毛当也自上游襄阳东

---

[1]　《世说新语笺疏》，第481页。

下，与彭超会师。东晋的盱眙和淮阴先后失陷。随后，前秦军队围困东晋幽州刺史田洛于三阿，而三阿距离广陵（今江苏扬州）不过100多里，一旦广陵失守，东晋都城建康将陷于危机。

眼看前秦大军逼近建康，东晋朝廷大震。谢安一方面部署沿江防线，另一方面派出镇守广陵的谢玄抗击前秦。谢玄领命后，西讨俱难，北据白马（今江苏淮安境内），以破釜沉舟之势大败前秦军队，斩杀前秦将领都颜。随后，又多次乘胜追击，屡破前秦军，斩杀其将邵保，先后夺回盱眙、淮阴。谢玄还派出参军刘牢之，破坏前秦军渡河所用浮桥和船只，派督护诸葛侃等人攻破前秦军队运输舰队。

史载，淮南之战中，前秦出兵逾十万，东晋最多时仅以五万应对，却以东晋的胜利告终。

败北的前秦将领俱难、彭超一路逃亡，侥幸生还。但回到前秦后，两人互相指责，起了内讧，闹得满朝风雨。苻坚知道后大怒，命人以囚车征彭超下狱，彭超羞怒之下自杀，俱难则被贬为庶人。损兵折将、元气大伤的前秦，被迫退回淮北，与东晋划淮河为界。

淮南之战充分显示了谢玄的军事才华，那个曾经让家长操心的斯文少年，完成了他的人生逆袭，成为东晋王朝的得力战将。因为战功卓著，谢玄进号冠军将军，加领徐州刺史，并被封为东兴县侯。

此后，前秦暂停大规模南下的军事行动，与东晋进入相持阶段。

但是，对于此时四分五裂的神州大地来说，并没有岁月静好。而对于谢玄来说，更严峻的战争考验还在后面。

03

东晋太元八年（383），苻坚不顾朝臣反对，亲率大军南征，攻打东晋。《晋书》卷一百三十《苻坚载记》记载，苻坚先命征南将军苻融、卫军将军梁成、冠军将军慕容垂等率领二十五万步骑兵作为前锋，自己则随后从长安发兵，率领步兵部六十余万、骑兵二十七万南下。

　　苻坚大军旗鼓相望，前后千里。与此同时，从凉州、蜀、幽、冀等地来的后备军团，也在向东南集合，一时间，纵横万里的战线上，水陆齐进，直取东晋。前秦大军声势浩大，号称百万。尽管根据后世学者的论证，真正到达前线的前秦精锐部队，只有二十万之众，但即使这样，实力也远在东晋之上。

　　苻坚举国南征，目标明确：击溃东晋政权，实现天下一统。他做了周密的部署，派部分军队牵制住上游的桓冲，将进攻重点放在东晋防守相对薄弱的中游豫州一带，一旦占领豫州，便再向东推进，从历阳（今安徽和县）入手，直攻东晋首都建康。

　　很快，苻坚派出的前锋部队就频传捷报。西线，慕容垂攻陷郧城（今湖北十堰郧阳区），晋将军王太丘战死；东线，苻融攻陷寿阳（今安徽寿县），捉获晋平虏将军徐元喜、安丰太守王先；梁成则统帅五万大军，屯于寿阳以东的洛涧（今安徽淮南洛河），在淮水修筑栅栏阻止晋军主力。

　　东线战场，是双方角力的关键所在。东晋以谢安之弟、征虏将军谢石假节为征讨大都督，以谢玄为前锋，由谢安之子谢琰、西中郎将桓伊等人一同配合，共统军八万，在淮河两岸抵御前秦军。另派龙骧将军胡彬以水军五千增援寿阳。

　　敌我力量悬殊，远在荆州的桓冲忧虑万分，他打算派三千精兵东进拱卫京城建康，但谢安拒绝桓冲建议，而是让他守住荆州。久经沙场的老将桓冲，对谢安的做法惊怒不已，而对年轻的谢玄及其诸兄弟，他尤其不放心，认为此战必败。他甚至绝望地预言，不久之后，举国上下恐怕都要改穿胡服了。

　　那边，苻坚已经到了项城，只待大军完成集结，便要一举搞定东晋。但收到寿阳传报晋军主帅驻扎在距洛涧不远处且晋军人数不多的消息后，他又率八千骑兵赶到寿阳，想直接擒拿敌军主帅。到了寿阳，苻坚又做起了不战而屈人之兵的美梦，想先行展开军事外交，劝降谢石、谢玄等人。

就在苻坚用心谋划时,谢玄突出奇招,派遣手下猛将刘牢之带领五千人迅速西进,闪电偷袭洛涧,击杀前秦梁成并缴获其军用物资。随后,谢玄又派部队阻绝了淮河渡口,歼灭前秦军队一万五千人,斩杀前秦的扬州刺史王显等人。经此行动,东晋由被动防御转为与敌相持阶段。

原本轻敌的苻坚,完全没想到,谢玄直接上来就给他捅开一个大窟窿。他一时半会有些蒙了:晋军到底是人少,还是人多? 接下来该如何部署?

一天,苻坚在苻融的陪同下登上寿阳城,极目远眺,想要判断晋军兵情。放眼东望,只见远处晋军部阵齐整,将士精锐。再向北方的八公山望去,山上草木晃动如人形,苻坚误以为是晋军布阵山上,忧心忡忡地对苻融说:"此亦勍敌也,何谓少乎?"①勍,意为强大、强劲,苻坚责备苻融:眼前明摆着强敌无数,你之前怎么能说他们兵少呢? 苻坚这一问,留给后世一个著名的成语"草木皆兵"。而这戏剧性的一幕,也正式开启了淝水之战的对决。

大战之前,谢石心存犹豫,他认为晋军强大,不能硬碰,应该采取保守防御,拖垮对方。谢琰和谢玄则主张主动出击,趁着前秦大军尚未完成集结,速战速决。否则,后果不堪设想。关键时刻,谢石认可了两位侄子的建议。

此时的形势,并不利于东晋。前秦精兵强将牢牢地控制着淝水,东晋军队如果强行渡河作战,必将伤亡惨重,甚至可能全军覆亡。善出奇招的谢玄,派人给寿阳城里的前秦主帅苻融送信,打起了心理战。

信使送去的信是这么说的:"君远涉吾境,而临水为阵,是不欲速战。诸君稍却,令将士得周旋,仆与诸君缓辔而观之,不亦乐乎!"②

谢玄的语气透着轻快和幽默,他说苻融远道而来,列阵淝水边,显

---

① 《晋书》卷一百十四《苻坚载记》,第 2918 页。
② 《晋书》卷七十九《谢玄传》,第 2082 页。

然是不想速战速决。既然如此，他建议不如秦军退后一些，留出将士们周旋的余地，这样就彼此可以更从容，而双方统帅可以趁此机会进行交流切磋。

谢玄的提议听上去甚是荒唐，寿阳城里的前秦将领一致表示反对。但此时的苻坚做出了令人瞠目的决定，他命令苻融后撤，放晋军过来。苻坚有他的谋划，他准备在晋军渡水时发动精锐骑兵展开进攻，一举歼灭对方。苻融对此深为赞同，开始组织大军撤退。

这是一场智谋加勇气的较量，也是反应加速度的较量。前秦军后退的命令刚一发出，谢玄率领晋军马上发起猛烈攻击。前秦士兵虽然训练有素，但突如其来的撤退命令让人始料不及，而且由于时间紧张，苻融也来不及做思想工作，以致士兵们无法领会主帅的战略意图，再加上突然受到猛烈攻击，一时间阵脚大乱，士兵溃散奔逃，有的战死，有的互相踩踏而死，有的投河而死，堆积的尸体甚至堵塞了淝水。

苻融骑马奋力组织军队后撤，但在混乱之中马倒被杀。苻坚身中流矢，单骑北逃。侥幸得脱的前秦士兵，因遭遇晋军闪电袭击而留下严重的心理阴影，一路上听到风声和鹤鸣，都以为是晋军追来了，于是不顾一切亡命奔逃，沿途饿死和冻死的，有十之七八。这次大逃亡，也为汉语词库新增一个成语"风声鹤唳"。

淝水之战以东晋的胜利告终。胜利的重要原因，首先在于谢安运筹帷幄，指挥得当，而能够以少胜多的直接原因，则要归功于谢玄的足智多谋，出奇制胜。因淝水之战有功，谢玄进号前将军、假节，但他谦辞不受。

淝水之战的捷报传到荆州时，桓冲正在上明打猎，听到捷报后，他对左右说："群谢年少，大破贼。"[①]这句话里，既有对以谢玄为代表的谢家儿郎的赞叹，也有对自己之前误判的羞愤。不久之后，桓冲发病而

---

① 《世说新语笺疏》，第 1058 页。

死。桓冲的死,暂时缓和了桓、谢两家的矛盾,也使得东晋朝廷内部更加稳定团结。

04

淝水之战的胜利,将谢玄带向人生巅峰。但年届不惑的他,在巨大的荣耀面前,保持着清醒的头脑。他知道,只要南北分裂的状态存在,帝国的边境就不会平静,想要得到长治久安,必须北伐恢复中原。

淝水之战后,东晋朝廷上下勠力同心,决意乘势北伐。谢玄被任命为前锋都督,率冠军将军桓石虔沿着淮河支流北上,目标指向洛阳。随后的几个月,谢玄捷报频传,交出了一组亮眼的成绩单。

谢玄率部进驻彭城,遣参军刘袭攻打苻坚的兖州刺史张崇于鄄城(今山东菏泽鄄城)。张崇败走后,谢玄派刘牢之据守鄄城。兖州平定后,谢玄担心沿途水道阻塞,运粮艰难,于是派人筑土坝拦截吕梁之水,树立栅栏,合七埭为一支流,承接两岸的流水,以利于漕运,从此公私两便。

随后,谢玄进军讨伐青州之敌,派遣淮阴太守高素率三千人马出击广固(今山东青州市),迫使苻坚的青州刺史苻朗投降归顺;又进军讨伐冀州,遣龙骧将军刘牢之、济北太守丁匡据碻磝(今山东茌平县),济阳太守郭满据滑台(今河南滑县),奋武将军颜雄渡河立营。

苻坚之子苻丕遣部将桑据屯驻黎阳(今河南浚县),谢玄命令刘袭趁夜袭击桑据,桑据败走。苻丕惶恐不安,打算降晋,谢玄答应了其请求。苻丕及其部下粮草断绝,求助谢玄,谢玄送给苻丕二千斛军粮。随后,又派遣晋陵太守滕恬之渡河守黎阳。黎阳之战,在军事行动之外,谢玄以道义之举定义了何为王师、何为"战神"。

至此,东晋政权在对北方的军事斗争中,终于彻底扭转了局面,变为全面主动。朝廷则因兖、青、司、豫四州均已收复,便任命谢玄都督徐、兖、青、司、冀、幽、并七州军事。

　　谢玄又遣宁远将军寮演讨伐占据魏郡（辖境在今河北、山东、河南三省交界）的申凯，击败了申凯。随后，谢玄打算亲自坐镇彭城，北可以巩固河北之地，西可以援救洛阳，内可以捍卫朝廷。但此时的东晋朝廷内部，却出现了不同的意见，有人认为部队征战已久，应当停止征伐，休养生息。加之当时东晋内部仍有叛乱，谢玄认为这与自己决策失误有关，便上疏朝廷，奉还符节，请求解除全部职务。朝廷下诏慰劳谢玄，命他暂且回镇淮阴。

　　回镇淮阴，并非谢玄本意。在前线几乎百战百胜的谢玄，很明显是在舆论的压力之下，被迫退居二线。舆论何来？来自朝廷内部两股新旧势力的替换。老的是以谢安为代表的主战派，新的是以司马道子为代表的主守派。

　　司马道子是孝武帝司马曜同母弟，他年轻时就以恬静寡欲而受谢安称许。司马曜亲政后不久，即重用司马道子。随着年纪的增长，皇权意识的不断觉醒，司马曜并不甘心将朝政大事交予以谢安为代表的陈郡谢氏，于是与司马道子合力开始排挤陈郡谢氏士族。

　　忍辱负重的谢安，离开京城，出镇广陵的步丘，以求回避，不久之后病逝。谢安去世后，朝廷下诏以司马道子为扬州刺史、录尚书事、假节、都督中外诸军事，谢安卫将军府的文武部属皆归司马道子。

　　司马道子取代谢安后，前线的谢玄，再也无法安心打仗。因为下一步，司马道子将矛头直指谢玄，他要铲掉权力游戏的绊脚石。

　　司马道子与谢玄，私交并不坏，甚至可以说，他们彼此十分懂得对方。《世说新语》记载了发生在两人之间的一个小故事："司马太傅问谢车骑：'惠子其书五车，何以无一言入玄？'谢曰：'故当是其妙处不传。'"[1]司马道子问谢玄，战国时期的惠施，著作数量很多，为什么没有一个字涉及玄理。谢玄回答说，或许是因为其中的奥妙之处没有流传下来吧。

---

　　① 《世说新语笺疏》，第 284 页。

　　惠施是先秦名家学派的代表人物，是庄子的朋友，以善辩著称。我们今天想要了解惠施其人，需要到《庄子》中去寻找资料，因为他本人的著作在后世几乎没有流传。而从司马道子和谢玄的对话来看，显然早在东晋时期，先秦人物的有些著作就已经散佚了。学养厚实，而且善于思考的谢玄，当时就意识到了这一点。相比而言，司马道子的思辨能力明显逊于谢玄。

　　以谢玄的才学和魅力，他当然是一位清谈的好对象，但权力具有绝对的排他性，在司马曜和司马道子看来，谢玄手中的兵权必须收回来。回镇淮阴，只是第一步，接下来谢玄将默契地配合司马氏兄弟，一步步拱手让出兵权。

　　接到回镇淮阴的命令后，谢玄从彭城返回，因为征战疲劳，加之家中亲人接连病故，路上就病倒了。病中的谢玄，耳边犹回响着叔父谢安昔年的教导声。那一年，他还是个文弱的少年，和其他兄弟一起集于叔父门下。

　　谢安问家中子侄，知不知道长辈们为什么一定要使他们优秀？听闻此言，其他人都不知道如何作答。谢玄说出了自己的答案："就像是芝兰玉树这样美好的香草珍木，想让它们生长在自家门庭台阶边罢了。"（安尝戒约子侄，因曰："子弟亦何豫人事，而正欲使其佳？"诸人莫有言者。玄答曰："譬如芝兰玉树，欲使其生于庭阶耳。"安悦。①）

　　谢玄记得，叔父对这个答案是很满意的。为什么满意？因为叔父其实是在对子侄辈提出为人处事乃至今后从政的要求——应该像芝兰和玉树那样，保持高尚美好的节操，不要越界，不要狂傲，不要像那位"好豫人家事"的桓温一样，把手伸到皇帝家的餐桌上。

　　"好豫人家事"是晋孝武帝当年对王敦和桓温的评价。他们两人都娶了晋皇室的公主，且有雄才大略，最终却都有谋逆之举。孝武帝吸取过去的经验教训，为自己的女儿挑选驸马时，对未来女婿的要求就是，

---

　　① 《晋书》卷七十九《谢玄传》，第 2080 页。

绝对不能像王敦、桓温那样干涉老丈人的家事。

故去的叔父谢安，似乎在为谢玄指示着未来的方向。谢玄知道，是时候告别了。他上书请求解职归乡，诏书不许。谢玄于是又连续上书，最终被恩准回京口（今江苏镇江）养病，朝廷还特意派了一名医术高明的医生为他治病。

回到京口的谢玄，久病不愈，他连续上奏疏，表明忠心，请求解去兵权。过了一段时间，朝廷终于改任谢玄为散骑常侍、左将军、会稽内史。谢玄回到会稽，自此逐渐淡出军政要务，也远离了东晋政治军事圈的核心。不久后，谢玄去世，享年 46 岁。

谢玄的卸职直至去世，意味着陈郡谢氏无可挽回的衰落。而那个曾经的英明天子司马曜，在成功打压陈郡谢氏后，很快自甘堕落，把整个朝堂当成自己放纵游乐的场所。

05

谢玄在淝水之战的惊人逆袭，后世有人以为纯出于侥幸。但纵观其征战生涯，几乎没有打过败仗，这又绝非侥幸可以解释。宋人李焘《六朝通鉴博议》在分析晋军淝水之战得胜的原因时，说了这么一段话："兵速则气锐，锐则敢于战；久则气怠，怠则惮于战。善用者则敢，不善用者则沮。"[①]他认为，晋军胜就胜在进军迅速，部队充满锐气，战斗力旺盛。而善于用兵的谢玄，则抓住了最佳进军时机，以少敌多一举击溃了心存畏惧的前秦军。

谢玄在国家危亡之际挺身而出，克敌制胜，力挽狂澜，是当之无愧的神将。遗憾的是，他壮志难酬，未能实现"克复神州"的愿望。而在他之后，东晋将再也没有如此谋略过人又忠心耿耿的将领。

唐宋以后，官方民间数次为古代名将立庙，谢玄多名列其中，被视

---

① ［宋］李焘：《六朝通鉴博议》，南京出版社，2007 年，第 203 页。

为保社稷安民生之臣。谢玄之所以能够担起辅国安民的重任,离不开他一手建立起来的强大的北府兵体系。

晋太元二年(377)十月,谢玄拜建武将军、兖州刺史,领广陵相,监江北诸军事。谢玄到任后,做的最重要的一件事,就是招募和训练自己的军队。聚集在京口、广陵一带的北方流民,纷纷响应号召,聚集于谢玄麾下。

自晋永嘉以后,为躲避北方战乱,北人持续南迁。由于处境艰难,为求得生存,这些流民普遍具有极强的战斗精神。一旦被纳入军队系统,经过有效的指挥与训练,很快就展示出强大的集体战斗力。

谢玄组建起来的这支军队,被称为"北府兵"。他们之中有骁勇善战的普通士兵,更有日后屡立奇功的优秀战将,如刘牢之、何谦、诸葛侃、高衡等。在成立仅一年之后,北府兵就取得了淮南之战的胜利,而在后来的淝水之战及其后的系列战役中,北府兵都表现出了强大的战斗力。

北府兵的出现,不仅加强了东晋在淮河下游和长江下游的军事力量,也改变了东晋国内军事力量的对比。

东晋所辖境土,核心地区是荆、扬二州,荆州位居上游,地广兵强,是对抗北方少数民族和向西南扩张势力的重要据点,朝廷在此设立都督府,派重兵驻守。扬州位于下游,既是都城所在,又是东晋经济最发达的地区,供给国家财政收入的大头。上游重军事,下游重经济和政治,这本来是循自然地理形势而成,但自东晋立国以来,政治地位尊贵的扬州地区军事力量薄弱,造成统帅荆州地区的武将屡屡有不臣之心,统治集团内部的荆、扬之争从未断绝。例如,镇守荆州的王敦和桓温,曾先后从上游发兵建康,希望取晋而代之。

谢安执政后,出于加强下游军事力量、拱卫京师、加强皇权的目的,委派谢玄以下游广陵、京口为基地建立北府兵体系。谢玄不负厚望,他统帅下的北府兵,组织有序,所向披靡,战绩辉煌,使得东晋朝廷摆脱了倚重荆州军事力量抵抗北方少数民族的局面。

　　这里有必要说明东晋"北府"与"北府兵"两个概念之间的关系。早在东晋立国时，时任徐州刺史王舒加北中郎将、镇广陵，就有了北府的称号。此后，徐、兖二州都督或刺史，习惯上一般都以"北"为军号，其镇所多在广陵、京口。此时的北府所辖之兵，也可以称为北府兵，但历史记载中的"北府兵"，特指谢玄招募组建起来的"北府兵"。

　　谢玄去世后，他留下来的军事遗产——北府兵，由青、兖二州刺史、太原王氏王恭接管。而在此后的数年间，这支举足轻重的军事力量，将在多场战争中上演重头戏，并最终以涅槃的方式，进入全新的时代。

　　晋安帝隆安元年（397），王恭起用刘牢之为司马，在京口起兵讨伐司马道子和王国宝，北府兵成为东晋统治集团内部火并的工具。

　　次年，王恭再次举兵，刘牢之倒戈，代王恭都督兖、青、幽、冀、并、徐、扬州及晋陵诸军事，率北府兵镇京口，成为割据一方的军阀。

　　隆安三年（399），东晋爆发孙恩起义，北府兵又成为镇压这次起义的主要力量。在这场长达五年的战争中，刘牢之参军刘裕披坚执锐，冲锋陷阵，展示了出色的军事才能，最终战败孙恩，并迫使其投海而死。

　　元兴元年（402），在朝廷与荆州军阀桓玄的内讧中，刘牢之投降桓玄，旋被夺去兵权而被迫自杀，北府兵被桓玄并吞。

　　元兴三年（404），刘裕聚集北府兵残余兵将在京口重组北府势力，并带领这支军队最终摧毁了桓玄建立的"桓楚"政权。

　　刘裕麾下的北府兵，已经是一支血液全新的崭新军队，他将带领他们在十六年后开创一个全新的王朝——刘宋。

八、奇女子谢道韫:握笔执剑胜须眉

她是文武双全的大家闺秀,王羲之欣赏她,谢安夸赞她,谢玄敬重她。她是被写入《三字经》和《红楼梦》的奇女子,无数心高气傲的女子奉她为优质偶像。

她是谢道韫,谢玄的亲姐姐。论才学,比肩东汉蔡文姬;论武艺,曾经素手执剑斩仇寇。言辞犀利、志存高远的她,用智慧和勇气把自己的名字刻在了历史和文学的册页里,历经千年,光芒更甚。

01

谢道韫是王凝之的妻子,安西将军谢奕的女儿,聪颖善记、口才很好。(凝之妻谢氏,字道韫,安西将军奕之女也。聪识有才辩。①)《晋书》卷九十六收其传,开篇在介绍了谢道韫的身世后,紧接着举了两个事例,来展示她的"聪识有才辩"。

第一个事例:

> 叔父安尝问:"《毛诗》何句最佳?"道韫称:"吉甫作颂,穆如清风。仲山甫永怀,以慰其心。"安谓有雅人深致。②

这里的"叔父"指谢安,同样的问题,谢安也问过侄子谢玄。还记得

---

① 《晋书》卷九十六《列女传》,第 2516 页。
② 《晋书》卷九十六《列女传》,第 2516 页。

谢玄的回答吗？他认为"昔我往矣，杨柳依依；今我来思，雨雪霏霏"这句最好。谢玄喜欢这句描绘士兵出征及归途所见所思的诗句，冥冥之中预示了他后来的人生道路，他出仕以后成功指挥对抗前秦的淮南之战和淝水之战，是当之无愧的一代名将。

再来看谢道韫的回答。受她青睐的这句诗，出自《诗经·大雅·蒸民》，诗中提到的"吉甫"和"仲山甫"，两位都是周宣王的贤臣，诗中对他们忧心国事、勤勉为政的作风和品德加以赞美。谢道韫作为一个待字闺中的少女，不仅熟读儒家经典之一的《诗经》，并且高度认可其中经世致用、修身治国平天下的积极入世观念，可以说，她的格调和境界胜过了弟弟谢玄。

第二个事例：

> 又尝内集，俄而雪骤下，安曰："何所似也？"安兄子朗曰："撒盐空中差可拟。"道韫曰："未若柳絮因风起。"安大悦。①

这个事例，《世说新语·言语》也有记载：

> 谢太傅寒雪日内集，与儿女讲论文义。俄而雪骤，公欣然曰："白雪纷纷何所似？"兄子胡儿曰："撒盐空中差可拟。"兄女曰："未若柳絮因风起。"公大笑乐。②

冬日，谢安将家中子侄辈的男孩女孩聚在一起学习讨论，突然下起了大雪，他以一句"白雪纷纷何所似"起句，要求孩子们联句咏雪。"胡儿"是谢安侄子、谢道韫堂兄弟谢朗的小名，他用在空中撒盐来比喻纷纷白雪，谢道韫则用被风吹起的白色柳絮来比喻漫天大雪。显然，后者

---

① 《晋书》卷九十六《列女传》，第 2516 页。
② 《世说新语笺疏》，第 155 页。

在形象和意境上，都更胜前者一筹。

借絮咏雪，抓住了飘雪颜色洁白、形态连缀、动作轻盈的特点，令人耳目一新。后来许多著名的诗人，都直接借用谢道韫这一巧妙才思来描写雪景。晚唐诗人李商隐《过招国李家南园》其一[①]：

> 潘岳无妻客为愁，新人来坐旧妆楼。
>
> 春风犹自疑联句，雪絮相和飞不休。

宋代诗人陈师道《雪中寄魏衍》[②]：

> 薄薄初经眼，辉辉已映空。
>
> 融泥还结冻，落木复沾丛。
>
> 意在千山表，情生一念中。
>
> 遥知吟榻上，不道絮因风。

也正是因为"咏雪"的才能，谢道韫得以跻身为数不多的获得一致赞誉的中国古代才女之列。成文于宋代的《三字经》将谢道韫与蔡文姬并列："蔡文姬，能辨琴。谢道韫，能咏吟。"蔡文姬是东汉时期的女性文学家，她博学多才，擅长文学、音乐、书法，在东汉末年的社会大动荡中，不幸为匈奴左贤王所掳。曹操统一北方后，花费重金赎回已在北方生活多年的蔡文姬。古琴名曲《胡笳十八拍》，即讲述蔡文姬归汉的故事。蔡文姬著述丰富，但仅有《悲愤诗》二首和《胡笳十八拍》流传。《悲愤诗》两首，其中一首为五言体，是中国诗歌史上第一首文人创作的自传体长篇叙事诗。清代诗论家张玉谷认为，三国时期的曹植和唐代的杜

---

① ［清］姜炳璋选释，郝世峰辑：《选玉溪生诗补说》，南开大学出版社，1985年，第 147 页。

② ［宋］陈师道撰，任渊注，冒广生补笺，冒怀辛整理：《后山诗注补笺》，中华书局，1995 年，第 350 页。

甫,其五言叙事诗的创作都受到蔡文姬的影响。

晚唐李商隐不仅追慕谢道韫的才华,年轻时更渴望能娶一位像谢道韫那样腹有诗书的女子为妻。有他的《令狐八拾遗见招送裴十四归华州》①一诗为证:

> 二十中郎未足稀,骊驹先自有光辉。
> 兰亭宴罢方回去,雪夜诗成道蕴归。
> 汉苑风烟催客梦,云台洞穴接郊扉。
> 嗟余久抱临邛渴,便欲因君问钓矶。

当时的李商隐,妻子已经去世多年,他渴望续弦,但他的择偶标准并不低,所以一直未能找到中意的女子。一次,他的朋友、时任左拾遗的令狐绹设宴送女婿裴十四去往华州,看到裴十四夫妇才华出众、夫唱妇随,李商隐极为羡慕,写诗赞美对方的同时,也无意中透露了自己心目中理想女性的模样——就像咏雪的谢道韫(诗中作蕴)那样。

"咏絮""咏雪"的典故后来也专门被用来赞美女性的文学才能。《红楼梦》第五回,贾宝玉恍恍惚惚闯进太虚幻境薄命司,无意中翻到"金陵十二钗正册",首页有一幅图,后面题了几句言词:"可叹停机德,堪怜咏絮才。玉带林中挂,金簪雪里埋。"②这里的"咏絮才",指向金陵十二钗之一的林黛玉,作者曹雪芹正是借用谢道韫咏絮的典故,描写和她一样才华出众的书中女主角林黛玉。

02

谢道韫以才闻名,她的性格谈不上温柔,举止也不那么娴静,与中

---

① 〔唐〕李商隐著,刘学锴、余恕诚整理:《李商隐诗歌集解》,中华书局,2004年,第186页。

② 〔清〕曹雪芹:《红楼梦》,上海古籍出版社,1991年,第33页。

国古代礼法对女性的要求相去甚远。她讲话，总是一副"大姐大"的口吻。比如，她责骂少年时代的谢玄："你怎么就一点儿都不见长进呢？是因为把心思都花在那些乱七八糟的事情上面，还是你智商不够？"

她谈论起自己的丈夫王凝之，也是毫不留情。《世说新语·贤媛》记载，当时，正值谢道韫与王羲之的二儿子王凝之新婚，她对新郎官很不满意，回娘家探亲时，一副不开心的样子。叔父谢安很是不解，他认为侄女能嫁给王羲之的儿子，理应高兴，况且王凝之人品、才学都算不错。但是谢道韫觉得，自己从小眼见的谢家男子，从上一辈的叔父谢尚、谢据，到平辈的亲堂兄弟谢韶、谢朗、谢玄、谢渊，个个都是人中俊杰、出类拔萃，没想到天地之间，竟然还有王凝之这样的人。（王凝之谢夫人既往王氏，大薄凝之。既还谢家，意大不悦。太傅慰释之曰："王郎，逸少之子，人材亦不恶，汝何以恨乃尔？"答曰："一门叔父，则有阿大、中郎。群从兄弟，则有封、胡、遏、末。不意天壤之中，乃有王郎！"[1]）同样的事情，在《晋书·谢道韫传》中也有记载，只是遣词用句略有不同。

谢道韫责备弟弟和丈夫的话，堪称犀利、刻薄，用"刀子嘴"来形容她，最恰当不过。与"刀子嘴"匹配的是，她的确有一颗"豆腐心"。她责骂弟弟的话，其实饱含着"望弟成龙"的良苦用心。

谢道韫是家中长女，她的父亲谢奕去世得比较早，此后大家族又遭遇叔父谢万被贬等变故，陈郡谢氏几乎陷于危难。谢道韫的母亲阮容，来自汉末至东晋名士辈出的陈留阮氏。"建安七子"之一的阮瑀和"竹林七贤"之一的阮籍是父子，皆出自陈留阮氏，并以卓然的文学魅力见称于世。阮容虽然在史书中没有留名，但从她的家族背景可以推测，她完全有能力胜任女儿谢道韫的第一任人生导师。自小饱读诗书、志向高远的谢道韫，在家族遭遇变故后，恨自己身为女儿，无法继承父辈的事业，为国效力。长姐如母，她看重弟弟谢玄，期盼他成长为栋梁之材，

---

① 《世说新语笺疏》，第 819 页。

早日挑起家族重担，一旦见弟弟有松懈之态，便进行督促和鞭策。曾经脂粉气极重的谢玄，后来能成长为一代名将，应该说，和姐姐的严厉教导有很大关系。

少年谢玄理解谢道韫的一片苦心，即使在后来成长为一代名将、加官晋爵之后，也依旧对长姐敬爱有加。关于两人的关系，《世说新语·贤媛》有这样一段记载：

> 谢遏绝重其姊，张玄常称其妹，欲以敌之。有济尼者，并游张、谢二家。人问其优劣，答曰："王夫人神情散朗，故有林下风气。顾家妇清心玉映，自是闺房之秀。"①

这里的"谢遏"即谢玄，他很尊重自己的姐姐。吴郡的张玄，名气和谢玄相当，当时有"南北二玄"的说法。张玄见人们都夸赞谢玄的姐姐谢道韫，有点不服气，于是就努力推介自己的妹妹，一天到晚挂在嘴上夸，想把谢道韫比下去。谢道韫后来嫁给了琅琊王家，张玄的妹妹嫁给了吴郡顾家，都是大家族。两位才女虽然名声在外，但身为大家闺秀、豪门儿媳，两人无论是在婚前还是婚后，都绝少在公开场合露面，谁的才华、风度更高一些，旁人不得而知。

张玄和谢玄较着劲，想争个高低，还拿自己的妹妹和谢玄的姐姐比来比去，也要争个高低。争来争去，最后，一位法号叫"济"的尼姑，为这场比试下了结论。她去过张家，也去过谢家，被问到底哪位更优秀，她说谢道韫神情飘逸爽朗，有竹林七贤那样的风度气质，而张玄的妹妹，心胸明净如美玉照人，是闺阁中的优秀女子。话说得很含蓄，但两位才女高下立现。谢道韫胜在不俗的风度和气质，张玄的妹妹虽也优秀，但只是寻常的闺阁中女子。

"神情散朗""有林下风气"是谢道韫性格气质的真实写照，爽朗利

---

①　《世说新语笺疏》，第 822 页。

落的她，不仅才学卓越，在气度和见识上也高于一般男子。因此，在点评自己的新婚丈夫时，她有底气说出大不敬的"不意天壤之中，乃有王郎"！

当然，这句话背后，还有一个不容忽视的客观事实，谢道韫和王凝之的"三观"有很大差异。王凝之和他的父亲王羲之一样，追求清静无为，倾向于隐逸，当年跟随父亲参加兰亭集会时，他写过两首《兰亭诗》①，颇能代表其心声：

> 其一
> 庄浪濠津，巢步颍湄。
> 冥心真寄，千载同归。
> 其二
> 烟煴柔风扇，熙怡和气淳。
> 驾言兴时游，逍遥映通津。

"庄浪濠津""逍遥"都是老庄哲学中的意象，也是王凝之内心的寄托所在。而谢道韫，却深深服膺儒家文化，她希望自己的亲人，尤其是家中男子都有经纬天地的雄心壮志。她对丈夫的批评，既包含着对他现状的不满，也有对未来的期望。

03

因为一句"不意天壤之中，乃有王郎"，后世有人认为，谢道韫的婚姻是不幸的。那么，一个争强好胜的妻子与一个散淡随性的丈夫，究竟会把日子过成什么样？事实可能有些出人意料。

谢道韫在王家生儿育女，日子过得看上去还不错。而被她无情批

---

① 王澍编著：《魏晋玄言诗注析》，群言出版社，2011年，第241页。

评过的王凝之，后来也还算出息。《晋书·王羲之传》在提到王羲之的七个儿子时，介绍了其中五位的名字，五位之中，有三位以附传形式介绍，其中给予文字篇幅最多的是七子王献之，次之是五子王徽之，然后就是王凝之了。

王凝之其人，名气不大，并且在各种典籍、文章中出现时，常常被加上一个修饰性定语——谢道韫的丈夫。但实际上，拥有一位举世公认的优秀妻子的他，本人并不差。史书记载，王凝之擅长草书、隶书，先后担任过江州刺史、左将军、会稽内史。（亦工草隶，仕历江州刺史、左将军、会稽内史。①）也就是说，他在政界和军界的位置，都坐到了和父亲王羲之齐平。

王羲之的七个儿子中，王献之的官职最高，至中书令。王徽之虽然名声在外，但他生性不羁，无意仕途，早早脱离了官场，是个真正的清静散客。以王凝之少年时代表现出来的才能，远在王献之和王徽之以下，但他能够执掌会稽这块堪称风水宝地的财赋重地，受到朝廷重用，以仕途成就而论，在七位兄弟之中，堪称一人之下、五人之上。

被认为资质庸常的王凝之能够"后来居上"，固然离不开自身强大的家族背景和其夫人家族尤其是谢安的支持，但也与妻子谢道韫的"挖苦讽刺"式规劝有很大关系。

谢道韫嫁到王家之后，继续贯彻之前在娘家的"大姐大"作风。确切说，是"大嫂大"作风。

王凝之的长兄王玄之早亡，身为次子的王凝之，实际上相当于这个大家庭中的长兄，他的妻子自然就是这个大家庭里的长嫂。一位认同儒家积极入世观念的大嫂，面对几位天天做逍遥游的小叔子，难免着急上火。她于是就像原先在娘家督促弟弟谢玄那样，也认真督促丈夫的几个兄弟努力上进。兄弟几人对学识渊博的长嫂敬重有加，但人各有志，不能强求，他们最大的乐趣依旧是做清谈名士。

---

① 《晋书》卷八十《王羲之传》，第 2102—2103 页。

清谈,谢道韫不是不会。她被称赞"有林下风气",绝非虚名。

《晋书·列女传》记载:

> 凝之弟献之尝与宾客谈议,词理将屈,道韫遣婢白献之曰:"欲为小郎解围。"乃施青绫步鄣自蔽,申献之前议,客不能屈。[①]

王家的小七子王献之,不大爱主动讲话,可能和他口才不佳有关。但是遇到善于清谈的人,特别是那些找上门来的朋友,他常常忍不住要和人家多切磋几句。有一回,王献之在家里和客人清谈,对方辩论的水平很高,谈到后来,口才不佳的王献之节节败退,陷入困境。前厅的情况被嫂子谢道韫知道了,她赶紧叫丫鬟带话给小叔子王献之,要帮他解围。救星来了,王献之当然乐意。于是谢道韫让家里的仆人拉起帷帐,自己坐在后面,和客人谈了起来。口才绝佳的谢道韫侃侃而谈,有理有据,把王献之想说但没说清楚的道理全说清了。

在动荡多于安稳的东晋社会后期,在日益衰落的南渡世家大族之中,并不缺清谈之士,缺的是能够积极负担起家国之重的实干家。可惜,在那个时代,身为女性,即便满腹才华、胆略过人,谢道韫也没有主动选择人生的权利。她唯一的事业,只有家庭,她满怀的抱负,也只有借助家中男儿才能得以伸展。弟弟谢玄的功成名就,丈夫王凝之的仕途顺遂,背后都有她一份功劳。

04

谢道韫在王家生儿育女,生活过得从容平淡。但在她晚年,不幸遭遇一场席卷东晋大半国土的战争。这场战争,即前面提到的孙恩起义。

孙恩出身琅琊孙氏,孙氏与琅琊王氏、陈郡谢氏同属永嘉南渡士

---

① 《晋书》卷九十六《列女传》,第2516页。

族，但相对而言门第要低许多，属次等士族。孙恩的叔父孙泰，是个颇具传奇色彩的人物。他曾经师从钱塘（今浙江杭州）天师道人杜子恭学习秘术，并在杜子恭死后，继承其衣钵。孙泰通过故弄玄虚的手段，在东南一带聚集了很多信徒，受他蛊惑的民众，纷纷把家中财产甚至子女进献给他，以祈福庆。

孙泰的行为引起了一些人的警惕，这其中就有琅琊王氏的王珣。王珣将此事告知会稽王司马道子，司马道子于是将孙泰流放到了广州。在广州，孙泰并没有就此收手，而是四处活动，继续以秘术蛊惑人。太子太傅王雅，先前与孙泰的关系很好，他在孝武帝司马曜面前为孙泰美言，说孙泰掌握了养性养身的秘术，司马曜于是将孙泰召回。孙泰此后官运亨通，并且获得上至皇族下至普通百姓诸多人的信任，司马道子的世子司马元显也是孙泰的信徒，经常去拜访他，向他讨教秘术。

在积攒人脉的同时，孙泰也在伺机培植自己的武装力量。孝武帝司马曜去世后，安帝隆安元年（397），王恭起兵讨伐司马道子和王国宝。孙泰则以讨伐王恭的名义，聚集起数千兵力，并不断壮大。在讨伐王恭的战争中，各地不断有人起兵，天下形势大乱。见此情景，孙泰判断晋祚将要终结，于是煽动百姓，私集徒众，妄图颠覆晋室。时任会稽内史谢輶，冒着风险出面揭发孙泰，司马道子这才意识到孙泰的用心，下令将他诛杀。

叔父被诛杀后，孙恩逃到海上，聚合了孙泰的信徒，立志为孙泰复仇。很快，机会来了。隆安三年（399），以宗室身份协助晋安帝主政的司马元显，征调三吴地区因门阀免除官奴身份成为佃客的广大民众，进入建康（今江苏南京）以充实兵员，此举激起当地门阀的不满。孙恩趁人心不稳，从海上率众进攻，先攻下上虞（今浙江绍兴上虞），杀掉上虞县令，随后继续进兵会稽（今浙江绍兴）。

孙恩之所以进兵会稽，一则这里是他的家乡，有广泛的群众基础；二则这里是东晋的"粮仓"兼"钱库"，打下来可以作为大本营；另外，会稽还有他的仇人——琅琊王氏。在孙恩看来，正是琅琊王氏这样的世家大族挤占了琅琊孙氏的发展空间，并且从叔父孙泰当初被流放至广州到最后被诛杀，琅琊王氏都坚决站在孙氏的对立面。而此时，正值琅琊王氏的王凝之担任会稽内史，进攻会稽，如果能取胜，可谓一举多得。

得到孙恩来攻的消息，王凝之的属下立即提醒他早做准备，并为他出谋划策。面对正在逼近的危险，王凝之表现得十分镇定。但是向来信奉天师道的他，既不跟属下讨论应战计划，也不出门探看地形条件，而是天天在密室里进行祷告。祷告结束后，王凝之走出密室，不忘以长官的身份安抚那些焦虑的下属，据《资治通鉴·晋纪三十三》记载，他的原话大致如此："我已经请了大仙来帮忙，他答应派鬼兵来帮忙守住各重要关口，每个地方会派几万人来，铁定会打败叛贼，你们都先洗洗睡吧。"（我已请大道，借鬼兵守诸津要，各数万，贼不足忧也。[①]）相似的话，在《晋书·谢道韫传》中也有记载。

孙恩叛军很快进入会稽这座不设防的城市，王凝之携家人仓皇外逃，他与几个儿子被孙恩捉住后杀掉了。

得到丈夫和儿子被杀的消息，谢道韫果断抽刀出门，砍杀乱兵数人，随后被敌人捉住。谢道韫的外孙刘涛，还是个幼童，也不幸落入敌手。见敌人要杀外孙，谢道韫慷慨陈词，她表示：孙恩是与琅琊王氏有仇，而外孙是刘家的人，与此事无关，如果要杀外孙，就先杀掉她。（事在王门，何关他族！必其如此，宁先见杀。[②]）听了这番陈词，孙恩十分感动，不仅释放了谢道韫，也放了刘涛。

元兴元年（402），孙恩之乱被平息。孙恩死后，其残余部众推孙恩妹夫卢循为主，卢循在短暂接受安抚后，继续起兵叛乱，直到义熙七年（411）才被最终平息。

家国乱世中，晚年谢道韫独居会稽，保持着一贯的风度。当时会稽

---

① ［宋］司马光：《资治通鉴》卷第一百一十一《晋纪三十三》，中华书局，1956年，第 3497 页。

② 《晋书》卷九十六《列女传》，第 2516 页。

地方的太守刘柳,早就知道谢道韫的名声,恳请与她见面。说起来,谢道韫与刘柳也是亲戚,刘柳的姐姐刘氏,嫁给了谢道韫的堂侄,按照这个辈分,刘柳比谢道韫要晚一辈。对这位颇有名气的娘家亲戚,谢道韫也早有耳闻,知道他是一位善于清谈的名士,于是郑重接待了他。

谢道韫装扮整齐,素衣素褥坐在帐子里,刘柳也整装坐于帐外,两人开始对谈。谢道韫先从家世谈起,思路敏捷,讲述清晰,说到伤心处忍不住落泪。但她收住悲伤,又将话题转过,最后十分得体地感谢刘柳的造访。刘柳回去后感叹,从未见过谢道韫这样的奇女子,风度实在令人佩服。而谢道韫也感叹,自从亲人死后,抑郁多年,与刘柳的一番谈话,令她觉得心胸舒畅。

此时的谢道韫早已苍颜华发,她娘家的一众亲堂兄弟姊妹大都故去,婆家的诸位兄弟,也大都先她而去。东晋末年的琅琊王氏与陈郡谢氏,可以说是人才零落、门第衰微,而谢道韫自始至终闪耀着钻石般的光芒,并以独特的光彩撑住了王谢家族在东晋末年的体面。

05

谢道韫和蔡文姬一样,著述颇为丰富,且诗、赋、诔、颂等各种文体兼擅。但遗憾的是,她的作品存世的并不多。《隋书·经籍志》记载有她的诗集两卷,但已经亡佚;成书于唐代的《艺文类聚》,保存有她的诗作《泰山吟》和《拟嵇中散咏松》两首,另收有其《论语赞》;清朝藏书家、文献学家严可均所辑《全晋文》亦收录有她的《论语赞》。

谢道韫现存的三篇作品,一个共同的特点是高迈清拔,没有脂粉气。

泰山吟

峨峨东岳高,秀极冲青天。

岩中间虚宇,寂寞幽以玄。

非工复非匠，云构发自然。

气象尔何物？遂令我屡迁。

逝将宅斯宇，可以尽天年。①

　　诗歌前六句描绘泰山巍峨挺拔的景色，表达对大自然的崇敬和赞美之情。后四句向自然万物提出质询，发出疑问，为何她屡受挫败？诗人由此萌生归隐山林的念头，希望在山川之中终老。

拟嵇中散咏松诗

遥望山上松，隆冬不能凋。愿想游不憩，瞻彼万仞条。

腾跃未能升，顿足俟王乔。时哉不我与，大运所飘遥。②

　　本诗为嵇康《游仙诗》拟作，借这首诗，谢道韫表达她对竹林七贤之一的嵇康的高尚人格的欣赏。诗中赞美"山上松"不惧严寒的品质，并运用仙人王子乔的典故寄托了作者的志趣。

　　《泰山吟》和《拟嵇中散咏松诗》，应当是谢道韫晚年的作品，相对于少女时代，诗中流露出更多的老庄式的消极隐居的思想，这与她晚年的惨痛经历不无关系，也是她在生命即将走向终点时的真实情感的流露。

论语赞

　　卫灵公问陈于孔子，孔子对曰："俎豆之事，则尝闻之；军旅之事，未之学也。"庶则大矣，比德中庸；斯言之善，莫不归宗；粗者乖本，妙极令终，嗟我怀矣，兴言攸同。

　　孔子曰："民之于仁也，甚于水火。水火。吾见蹈而死者矣，未

---

① 党圣元编著：《六朝诗选》，商务印书馆，2018 年，第 134 页。

② ［清］王夫之评选，张国星点校：《古诗评选》，河北大学出版社，2008 年，第 232 页。

见蹈仁而死者也。"①

这是一篇残文。前一段引了《论语·卫灵公》中孔子的几句话，作了八句赞语。后一段只引了《论语·卫灵公》中孔子的一段话，但赞语缺失。《论语赞》借助"卫灵公问陈于孔子"这一典故，表达对儒家"仁""中庸"等观念的肯定与赞赏，体现了谢道韫思想中积极入世的一面。儒与道在谢道韫身上的和谐统一，也映照着中国古代知识分子的集体性格影像。

谢道韫作品传世的极少，实际上，她本人的事迹在史书中记载得也很少。《世说新语》中关于她的记载，正文有四条，刘孝标注有一条，共五条。《晋书·列女传》中，她的传记部分，有六百多字。目前所见的唐宋以后关于谢道韫的生平记载，内容大都不出这两部书。而在明清时期的戏曲当中，对谢道韫形象的演绎，也不脱这两部书中的原型。

谢道韫的形象，又鲜明又模糊。鲜明的是她的才华和性格，模糊的是她生命中如水一样消逝的年华。甚至，就连她的名字也是一个谜团。刘孝标为《世说新语》做注时，引用现今已经失传的《妇人集》，说她名为道蕴；《晋书》则记载她字为道韫；唐代释法琳《辩正论》卷七注引《晋录》，说她名为"韬元"；而据南京南郊出土、现藏于南京博物院的《谢珫墓志》②，她名道蕴，字令姜。

那些极简短精练的文字，已经成功为谢道韫画像，使得她成为永远的传奇，并且具有了超越她时代的永恒的精神魅力。从这个意义上来说，也许她叫什么名字并不重要。

①　［唐］欧阳询撰，汪绍楹校：《艺文类聚》卷五十五，上海古籍出版社，1982年，第985页。

②　详见王素：《南朝宋谢珫墓志再研究》，《故宫学刊》2016年第2期，第8—20页。

九、天才谢灵运：无限情怀只付与山水

当谢道韫遭遇孙恩之乱时，她的侄孙、谢玄唯一的孙子谢灵运，正被寄养在距会稽不算太远的钱塘（今浙江杭州）天师道法师杜子恭家中。出于安全的考虑，同时也是为出仕做准备，隆安三年（399）底，15岁的独苗谢灵运经会稽返回京城建康。

这个孤独的少年，从此被置于改朝换代的旋涡中心。在家国与个人仕途的沉浮无定中，他放情丘壑，不意成为中国山水诗派的鼻祖。

01

东晋太元十年（385），谢灵运降生在建康城（一说会稽东山始宁，即今浙江上虞）的康乐公谢玄府邸。他的到来，为处在悲恸之中的祖父谢玄，带来了巨大的安慰。

这一年，谢家流年不利。先是家族顶梁柱、谢灵运的曾叔祖、太保谢安去世；紧接着谢灵运的伯祖父谢靖去世；然后谢灵运的父亲、谢玄唯一的儿子谢瑛也去世了。朝廷之中，手握重兵的谢玄遭遇猜忌构陷，处境危险；一心忠于晋室的他，唯有接连上书力陈清白，并自求解职，期待能全身而退。

小谢灵运对这一切浑然不觉，他在祖父宠溺的目光里，尽情释放着赤子的天性。

太元十二年（387），得晋孝武帝司马曜恩准，谢玄终于调任会稽内史，用今天流行的话，叫实现了"软着陆"。三岁的谢灵运，跟随祖父来到会稽。在会稽，谢玄依附谢安位于始宁（今浙江绍兴上虞）的东山旧居，悉心营造自己的庄园，打算在这里培养孙儿长大成人。

对于孙儿谢灵运，谢玄曾隐隐有过担心。这种担心，要从谢玄唯一的儿子、谢灵运的父亲谢瑛说起。

《晋书》卷七十九《谢玄传》记载，谢瑛"少不惠"[①]，《宋书》卷六十七《谢灵运传》和《南史》卷十九《谢灵运传》记载，谢瑛"生而不慧"[②]。这里"惠""慧"通用，所谓的"不惠""不慧"，是很委婉的说法，实际上谢瑛不仅仅是不够聪明，而是智商颇低。但他以门荫起仕，担有秘书郎的虚职，也算是有功名，并且娶了王羲之的外孙女、门当户对的刘氏为妻，生了一个聪颖过人、悟性极好的儿子谢灵运。

谢玄像捡到了宝一样，逢人就夸："虽然我生了个傻儿子，但我家傻儿子生了个聪明的孙儿给我！"（我尚生瑛，瑛那得生灵运！[③]）谢玄对宝贝孙儿寄予无限期待，期待他健康长大成人，期待他重振家族门户。

遗憾的是，回到会稽仅一年，谢玄就病逝了。据南朝梁人钟嵘《诗品》记载，谢玄去世后，谢灵运被送到钱塘（今浙江杭州）天师道法师杜子恭家中。将孩子寄养出去，大概是为了寻求宗教意义上的吉祥庇佑。

谢灵运客居在外将近 12 年，直到孙恩之乱爆发后，十五岁的他才经会稽东山始宁谢氏别墅北归建康。因为童年的这段客居经历，他的小名就叫"客儿"，常常被人以"谢客"称呼。

回到建康后，谢灵运住进了康乐公府邸。沉寂多年的老房子迎来了意气风发的少主人，满腹才华的他，摩拳擦掌，跃跃欲试，要在谢氏子弟的比试中拔得头筹，也要在京城的大族子弟中崭露头角。

其时，陈郡谢氏的领袖人物是谢安之孙、谢琰之子、孝武帝晋陵公主的驸马谢混。谢混其人容貌出众、风姿俊雅，性格散淡的他原本无意仕途腾达，但家族变故改变了他的人生轨迹。

---

① 《晋书》卷七十九《谢玄传》，第 2085 页。

② ［南朝梁］沈约：《宋书》卷六十七《谢灵运传》，第 1743 页；《南史》卷十九《谢灵运传》，第 538 页。

③ 《晋书》卷七十九《谢玄传》，第 2085—2086 页。

　　那是隆安四年(400),就在谢灵运离开会稽后一年,孙恩再袭会稽,在前线对战孙恩的谢琰及其子谢肇、谢峻遇害。父亲和两位兄长的离世,将谢混推上了家族掌门人的位置。

　　在朝廷之上,谢混是陈郡谢氏的代言人;在家族之中,他和当年的祖父谢安一样,十分重视子侄辈的教育。他经常在乌衣巷举行雅集,带领包括谢灵运、谢瞻、谢晦、谢曜、谢弘微等在内的诸多谢家子侄讲诗论文。在多次观察和调查后,谢混对各位子侄的性格、才能有了全面的了解,而对于从小失去父亲和祖父的堂侄谢灵运,他尤其关注。

　　谢灵运杰出的文学才华让谢混感到欣慰,深觉诗书传家后继有人,但同时,他对谢灵运又隐隐感到担忧。他写了一首《诫族子诗》,其中如此夸赞和劝勉谢灵运:"康乐诞通度,实有名家韵。若加绳染功,剖莹乃琼瑾。"①这里的康乐,是以爵位代指人,即谢灵运。谢灵运回到建康不久,就受命袭封祖父谢玄的封号康乐公,在一众堂兄弟之中,地位最为显贵。谢混认为,谢灵运任诞通达,具有名士的气质,如果再加以修养约束,一定会闪耀出美玉那样晶莹的光彩。

　　谢混如此劝诫,事出有因。刚出道的谢灵运,总是特立独行,很快就成了舆论的焦点。大家对他的讨论,主要集中在三个方面。

　　其一,他喜欢奇装异服。《宋书》记载他:"性奢豪,车服鲜丽,衣裳器物,多改旧制,世共宗之,咸称谢康乐也。"②他性情奢侈,崇尚豪华,家里的车装潢得鲜艳亮丽,用的衣裳器物等用具,大都不按照旧形制来,而是重新设计制造,样式新颖独特,引得旁人纷纷效仿。谢灵运的这种个性,在陈郡谢氏的男子当中,并不少见。当初,谢灵运的曾伯祖谢尚,就是个风流倜傥的美男子,爱穿时髦精致的衣服。谢灵运的祖父谢玄,也很注重打扮。到了谢灵运,把服饰之美追求到了极致。家底厚实的他,非常愿意在时尚方面花钱,再加上出众的审美能力,在京城时

---

　　①　《南史》卷二十《谢弘微传》,第 550 页。
　　②　《宋书》卷六十七《谢灵运传》,第 1743 页。

尚界很快站稳脚跟，有了一批拥趸。

其二，他喜欢臧否人物。他年轻气盛，讲话口无遮拦，往往得罪了别人而不自知。对于这个目中无人的堂侄，谢混决定要锉一锉他的傲气。怎么锉？以其人之道还治其人之身。

《宋书》卷五十五《谢瞻传》记载，谢混把打击谢灵运的任务交给了另一位堂侄、谢朗的孙子谢瞻。谢瞻和谢灵运年龄相仿，关系亲密，并且，谢瞻也是自小父亲去世，家庭环境和谢灵运相似。谢混认为，他们俩沟通起来会很顺畅。于是，一次外出的时候，谢混就让谢瞻和谢灵运同乘一辆车。一上车，谢灵运就开始高谈阔论臧否别人。谢瞻见他谈论别人谈得一头是劲，于是来了句："你父亲去世得早，别人也正就此说长道短呢。"一下子把谢灵运呛得半天说不出话来，自此，他讲话比从前收敛谨慎了许多。（灵运好臧否人物，混患之，欲加裁折，未有方也。谓瞻曰："非汝莫能。"乃与晦、曜、弘微等共游戏，使瞻与灵运共车；灵运登车，便商较人物，瞻谓之曰："秘书早亡，谈者亦互有同异。"灵运默然，言论自此衰止。[①]）

其三，他个性强，喜欢意气用事。他袭封康乐公后，又被授员外散骑侍郎。员外散骑侍郎，听上去很高大上，但其实是个闲职，没有实权。谢灵运年纪轻，而且于国也没有功劳，被授这个职务，实在很正常。按照正常的逻辑，先从小事干起，是金子迟早都会发光，到时候再谋求高升不迟。可是，谢灵运自视颇高，瞧不上这种闲职，直接给晋安帝司马德宗上表一封，明确拒绝。

02

对于谢灵运的傲娇，司马德宗无暇表达意见。这位智障皇帝，自从孙恩之乱以来，就惶惶不可终日。他的帝国内部，那边孙恩之乱尚未平

---

① 《宋书》卷五十六《谢瞻传》，第 1558 页。

定,这边拥兵自重的桓玄,又打着平叛的旗号,觊觎皇位。元兴元年(402),司马德宗的辅政大臣司马元显父子在兴兵讨伐桓玄的过程中,兵败被捕,坐罪被杀。大亨元年(403)十一月,桓玄逼晋安帝禅位,改国号为楚,改元"永始",自己当起了皇帝。

天命不绝晋祚。危急关头,平民出身的北府兵悍将刘裕、刘毅等人,率兵击败桓玄,夺回建康,并将安帝重新扶上皇位。随后,深谋远虑的刘裕又积极北伐,表面上一副为国效力的忠臣模样,实际上却意在削弱皇室、打击豪门大族,同时也在壮大自己的军事和政治力量,并伺机篡权。

陈郡谢氏的谢混,把刘裕的野心看得一清二楚。他是晋室驸马、陈郡谢氏掌门人,同时又是南渡士族的代表人物,在他身后,是一个处于风雨飘扬之中的利益共同体,他必须有所作为。在经过权衡之后,谢混选择了联合刘毅等人来对抗刘裕。

晋安帝复位后的义熙元年(405),在谢混的推荐下,谢灵运成为抚军将军刘毅幕下记室参军,负责掌管文书。在此后长达八年的时间中,谢灵运一直在刘毅幕下。

二刘的拉锯战持续到了义熙八年(412),这一年,已经官拜太尉、中书监的刘裕先发制人,以刘毅私植党羽、图谋不轨等罪名上书奏报朝廷,诛杀刘毅堂弟刘藩,并以"扇动内外,连谋万里"[1]等罪名,诛杀与刘毅、刘藩关系密切的时任尚书左仆射谢混。随后,刘裕亲率大军至江陵讨伐刘毅。刘毅兵败后单骑得脱,在逃出江陵二十里后自缢身亡。

刘毅死后,他的同党大多被刘裕收杀。一番血雨腥风的镇压之后,刘裕开始采取怀柔政策,笼络遭受重创之后如惊弓之鸟的豪门贵族,他明白,想要顺利地得到晋室天下,尚需他们的支持。

谢灵运便是刘裕要笼络的对象之一。

刘毅死后,谢灵运以太尉参军入刘裕幕府,不久后又转任秘书丞。

---

[1] 《晋书》卷八十五《刘毅传》,第 2210 页。

秘书丞的主要职责是负责典籍图书的管理和整理校定，属于清要之官。从半文半武的军事参谋到负责图书整理的文官，谢灵运职责的转变可能意味着，在刘裕看来他缺乏治世的才能。也有可能是，谢灵运的行事做派不入刘裕之眼，于是暂时被雪藏。谢灵运转任秘书丞后不久，"坐事免"，被免的具体原因史书无载。

在此后长达四年的时间里，处于闲散状态的谢灵运，大部分时间都住在建康城。其间，他精修佛学，并与庐山高僧慧远往来密切，曾应对方邀请撰写《佛影铭》。这一段经历，深刻影响了他后来的诗文创作。

在闲居四年后，经堂叔谢方明运作，谢灵运再次入仕，出任骠骑将军、刘裕异母弟刘道怜的咨议参军，后转为中书侍郎。次年，谢灵运又转为刘裕世子刘义符的中军咨议、黄门侍郎。

从职位变化来看，谢灵运在一步步向权力核心人物刘裕靠拢。据《宋书》卷二《武帝本纪》记载，义熙十二年（416），刘裕趁着后秦皇帝姚兴逝世，后秦内部叛乱迭起，政权不稳，亲率大军分路北伐。同年十月，身在北伐途中的刘裕，被拜相国，封宋公，备九锡之礼，位在诸侯之上。不过，刘裕并未接受诏书所封，而是直到两年后北伐结束，才同意受封。

刘裕北伐期间，多次领军驻扎彭城。谢灵运曾奉使至彭城慰劳，并撰写《撰征赋》。这篇超过四千字的雄文，以辅佐周成王巩固天下的周公，比喻兴师北伐的刘裕，极尽溢美之词为刘裕歌功颂德。谢灵运的赞美，应该是发自内心的。此时的晋皇室，虽然还在名义上据有天下，但实际上，在经过一系列的武力征讨之后，刘裕一家独大，已经是帝国实际的操控者，低智无能的晋安帝和站在他身后的司马皇族早就是任人摆布的傀儡。

刘裕虽然是武夫出身，但显然对《撰征赋》极其满意。不久之后，谢灵运转为相国从事中郎、世子左卫率，成为刘裕及其世子的近侍。

前途一片光明，但就在此时，一件意想不到的事情突然发生了。关于此事，《宋书·谢灵运传》和《南史·谢灵运传》的记载极为简略，仅七个字:"坐辄杀门生,免官。"①

　　谢灵运为什么杀人?又是如何事发被免官的?《宋书》卷四十二《王弘传》有比较详细的记载。

　　王弘其人,是王导的曾孙,他的父亲王珣,即当年与谢安交恶的那位"阿瓜"。在谢安去世后,虽然王珣曾经上门吊唁,但琅琊王氏中包括王弘在内的王导后人一支与谢家后人的关系并未得到改善,反而越来越糟。东晋末年的乱世之中,面对刘裕、刘毅等人的崛起,势力衰微的王谢两大家族出于家族利益等多方考虑,必须选择联盟对象。政治嗅觉灵敏的王弘,果断地站队刘裕,颇得刘裕信用,并跟随刘裕北伐。当刘裕北伐初胜时,正是他主动充当了晋室与刘裕之间的信使角色,并回到京城建议朝廷为刘裕加九锡。

　　王弘比谢灵运大六岁,政治上也更成熟。在二人之间,刘裕自然更看重王弘,但谢灵运的仕途,也已经步入正轨,他在寻找一切上升的机会。

　　意外不期而至。

　　谢灵运家中有个年轻的仆人,名叫桂兴,与谢灵运的一位小妾产生了私情。事情被谢灵运发现,脾气暴躁的他,一怒之下杀了桂兴,并抛尸江中。由于事发京城,耳目众多,消息很快传扬开来。负责监察朝廷官员的御史中丞王淮之,也获知了此事,但他与谢灵运关系向来厚密,因此佯作不知,希望风浪自行平息。

　　得到消息的王弘,意识到这是打击谢氏的好机会,立刻上书弹劾谢灵运,并提出三条处置方法:"免灵运所居官,上台削爵土,收付大理治罪。"②将谢灵运免官,削爵,交付司法机关治罪,并义正词严地表示"此而勿治,典刑将替"③,如果这件事处理不好,将会危害整个司法体系。

---

　　①　《宋书》卷六十七《谢灵运传》,第1753页;《南史》卷十九《谢灵运传》,第538页。

　　②　《宋书》卷四十二《王弘传》,第1313页。

　　③　《宋书》卷四十二《王弘传》,第1313页。

对于那位包庇谢灵运的御史中丞王淮之，王弘则强烈建议免去其官职。

刘裕收到奏弹后，以温和折中的方式进行了处理："高祖令曰：'灵运免官而已，余如奏。'"①仅是将谢灵运免官，没有治罪，并保留了他的爵位。那位倒霉的御史中丞王淮之，也连带被免官了。

03

谢灵运在家闲居没多久，又被刘裕重新起用。此时的刘裕，已经是"南朝第一帝"了。

东晋元熙二年（420），刘裕以宋代晋，改元永初，仍旧以建康为都城。刘裕称帝后，大力削减前朝封爵，谢灵运袭封的康乐公，被降为康乐侯，食邑减少为 500 户。虽然实质性的福利减少了，但谢灵运旋即被起用为散骑常侍，不久转太子左卫率。

此时的谢灵运，虽然年仅 36 岁，但在仕途上已经历三起三落，饱尝辛酸况味。按理来说，新朝伊始，宋武帝出于笼络人心的目的起用旧人，这对他来说是好事，更是机会。但他从前那种意气用事、偏激刚躁的性格再度发作。

自视甚高的谢灵运，认为以自己的才能，应当参与执掌国家机要大事。但是显然，刘裕只是拿他做新王朝的点缀。刘裕出身寒微，文化水平低，但称帝后也偶尔附庸风雅，召集宴乐诗会，也只有这样的场合，谢灵运才被重视。例如，永初二年（421）三月，刘裕设宴西池，谢灵运侍坐，写有《三月三日侍宴会西池》《侍泛舟赞》。

据宋代无名氏《释常谈》记载，谢灵运对自己的文采极为自信，他曾说过如此狂傲的一句话："天下才有一石，曹子建独占八斗，我得一斗，天下共分一斗。"②虽然自视才高，但写诗作文讨皇帝开心，并不是谢灵

---

① 《宋书》卷四十二《王弘传》，第 1313 页。
② ［明］陶宗仪等编：《说郛三种》，上海古籍出版社，1988 年，第 586 页。

运的终极梦想。愤懑不得志的他,将注意力投注到了刘裕次子、庐陵王刘义真身上。

十来岁的少年刘义真是个文学青年,和谢灵运、同谢灵运一样文采卓越的颜延之等人意气相投,聚在一起,常常要谈谈理想,展望未来。身为皇子,刘义真的理想不容小觑,《资治通鉴·宋记》记载,他说过这么一句话:"得志之日,以灵运、延之为宰相。"①这句犯了大忌的话,谢灵运听着倒是开心,但传到当朝司空徐羡之等人耳朵里,引起了他们高度警惕,赶紧建议刘裕将这位不老实的二皇子调离京城。

永初三年(422),刘裕驾崩,其长子刘义符即位,刘义真则无奈出镇历阳(今安徽和县)。谢灵运怀着复杂的心情撰写了《宋武帝诔》,对刘裕的一生盖棺论定。此后,性格叛逆的他并没有认清现实,而是公开宣扬对执政的徐羡之等人的不满。这种行为的直接后果就是,他出任永嘉(今浙江温州)太守,被排挤出了京城。

永初三年七月十六日,谢灵运启程前往永嘉。永嘉位于晋帝国的东南部,从建康到那里,水路居多。自建康始发的水路即有名的破冈渎,开通于孙吴赤乌八年(245),向东通太湖流域,向西联通秦淮河直通长江。启程当天,谢灵运先是在友人陪同下来到建康城东南的方山(又名天印山,位于今江苏省南京市江宁区),他将在这里登船南下。临行时,谢灵运写下五言诗《永初三年七月十六日之郡初发都》和《邻里相送至方山》。在后一首中,他写道:

> 祗役出皇邑,相期憩瓯越。
>
> 解缆及流潮,怀旧不能发。
>
> 析析就衰林,皎皎明秋月。
>
> 含情易为盈,遇物难可歇。
>
> 积疴谢生虑,寡欲罕所阙。

---

① 《资治通鉴》第一百二十卷《宋记》,第 3765 页。

资此永幽栖，岂伊年岁别。

各勉日新志，音尘慰寂蔑。①

　　诗歌以诗人离京的行程起头，以事写情，以景抒情，字里行间流淌着与邻里依依惜别的不舍，也有朝命难违、身不由己的难言之隐。

　　《邻里相送至方山》不是谢灵运最有名的诗，也不是他最优秀的诗。但通观谢灵运的人生日志，这是一首具有里程碑意义的诗，正是从这一首诗、从写这首诗的这一天开始，他的身份从三流政客转向一流诗人。往后，他将以山水派诗人的形象，辉耀中国文学史。

　　从建康到永嘉，山长水阔，谢灵运不紧不慢。

　　会稽老家，是他中途重要的一站。这里保存着祖父的印记，也保存着他孩提时代的天真无邪。老屋依山傍水，环境优美，疲惫不堪的谢灵运真想长住下来。但是，上命不可违。

　　趁此机会修修房子总是可以的。谢灵运找来仆役工匠，按照自己喜欢的设计对老宅进行修整，在地势较低的江水转弯处盖景观房，地势较高的山巅上，则建用来修炼身心的楼阁。

　　他还记挂着从前看过的那些山山水水，于是也抓紧时间四处走走看看，饱览秀美景色。

　　房子修好了，山川秀色也遍览了，谢灵运不得不从会稽启程，赶赴永嘉。临行前，他写下了《过始宁墅》，诗的结尾，许下三年之约："挥手告乡曲，三载期归旋。且为树枌槚，无令孤愿言。"②他决定，永嘉三年任期满后，就回到老宅隐居，他还叮嘱看守老宅的人，要多栽种一些树，等着自己回来终老。

　　离开会稽东山后，谢灵运沿水路翻山越岭抵达永嘉，这一段路程险

---

　　① ［南朝宋］谢灵运著，李运富编注：《谢灵运集》，岳麓书社，1999 年，第29 页。

　　② 《谢灵运集》，第 30 页。

峻孤寂，但风光清幽动人，谢灵运诗性频发，佳作不断。

旅途劳顿，再加上情绪依旧低落，谢灵运到永嘉后就病倒了，这正好成为他不理政务的借口。几个月后，谢灵运终于恢复健康了，他开始"肆意游翱，遍历诸县，动逾旬朔"①，并创作了大量的山水诗。但是，他还是懒于理政。地方官需要处理的大都是芝麻大的诉讼案件，谢灵运丝毫没有兴趣。实际上，他也不擅长这个。

在永嘉的闲散生活，彻底打开了谢灵运通往诗国的大门。"池塘生春草，园柳变鸣禽。"②"野旷沙岸净，天高秋月明。"③这样的千古佳句，都诞生于这一时期。

在任期快到一年的时候，谢灵运决定称病辞职，一心去追求诗意人生。得知他的打算，与他关系亲善的堂兄弟谢瞻、谢晦、谢弘微等人，都写信劝阻。但是，谢灵运去意已决。

回到会稽的谢灵运，"与隐士王弘之、孔淳之等放荡为娱，有终焉之志"④。他的诗歌灵感喷薄而出，作品传到都城建康后，每一首都会引起轰动，从贵族阶层到平民百姓，人人争相传阅，纷纷效仿。他的传世名作《山居赋》，就写于这一时期。

与高人雅士唱和之余，谢灵运还精研佛法，并结交高僧大德，一起探讨佛理。

04

谢灵运隐居会稽东山期间，京城建康风云裂变。

宋少帝景平二年（424），徐羡之等人合谋废杀无德无能的少帝刘义符和庐陵王刘义真，迎立刘裕第三子、宜都王刘义隆登基，改元元嘉。

---

① 《宋书》卷六十七《谢灵运传》，第 1753—1754 页。
② 《谢灵运集》，第 43 页。
③ 《谢灵运集》，第 67 页。
④ 《宋书》卷六十七《谢灵运传》，第 1754 页。

刘义隆即后来颇有作为的宋文帝,他即位时年仅十八岁,朝政大权实际由徐羡之等人操控。但胸有城府的刘义隆,绝不甘心将刘宋江山托付他人,默默隐忍,并寻找机会干掉徐羡之。

元嘉三年(426),宋文帝以弑君之罪收杀权臣徐羡之、傅亮等人。参与废杀少帝的谢灵运堂弟、荆州刺史谢晦,得到消息后举兵反叛,也被收杀。与谢晦一同被杀的,还有他的兄弟及侄子多人。

陈郡谢氏受到严重打击。远在会稽东山的谢灵运,再也无法高枕而卧。出于安抚的目的,也是为了笼络人才,宋文帝迅速征谢灵运为秘书监。心有余悸的谢灵运拒绝出仕。宋文帝再征,谢灵运再辞。宋文帝于是让已经就任中书侍郎的谢灵运好友颜延之及光禄大夫范泰致书谢灵运,敦促他受命。宋文帝的一而再,再而三,显然也是出于内心对谢灵运的认可。史书记载宋文帝"长七尺五寸,博涉经史,善隶书",相比大老粗父亲刘裕,他文化修养不错,更懂得欣赏谢灵运的才华。

收到好友书信后,谢灵运权衡利弊,遂应征前往京城。

谢灵运已经四十二岁了,这是他第五次出仕,看上去是无奈之举,但其实在内心深处,他仍旧对仕途寄予希望。而在堂弟谢晦几乎满门被灭的情况下,重整陈郡谢氏家门,他重任在肩。

这一次,什么样的事业在等着谢灵运?《宋书·谢灵运传》如此记载:

> 使整理秘阁书,补足遗阙。又以晋氏一代,自始至终,竟无一家之史,令灵运撰《晋书》。粗立条流。书竟不就。[1]

他被派去整理秘书省的图书,补增遗漏。当时已经是刘宋天下,按照惯例,应该为前朝修撰史书,但是尚没有一本完整的关于晋朝历史的书,因此谢灵运又领命撰写《晋书》。谢灵运很快拟出了粗略的提纲,但

---

[1]　《宋书》卷六十七《谢灵运传》,第 1772 页。

书终究没有完成。

谢灵运的表现让宋文帝很满意，不久便升任侍中，得到早晚被召见的恩宠。侍中的重要职权之一，是负责审核中书省草拟的诏令。谢灵运升职后意气风发，认为文帝迟早会让他直接参与朝政重大决策。但情况并不如他预期，文帝召见他，只为三件事——喝酒、讨论文学、看他写书法，还把他的文章和书法合称为"二宝"。

更让谢灵运郁闷的是，资历比他浅、名声爵位都不如他的王昙首、王华、殷景仁等人，也同时被宋文帝宠爱。那位王昙首，他的兄长正是当年弹劾谢灵运的王弘。谢灵运意气用事的毛病再次犯了，心思也不在工作上了，时不时称病不上朝。

装病就该在家好好躺着，谢灵运却不肯。他每天都很忙，忙着搞各种硬装修、软装修，修筑池塘、种植花树，移栽竹子、摆弄香草。当然，这些活儿他并不是自己干，而是喊下属役吏来干，一天到晚无休无止。他还喜欢出城游玩，一玩就是十多天，既不上书，也不请假。（穿池植援，种竹树菫，驱课公役，无复期度。出郭游行或一日百六七十里，经旬不归，既无表闻，又不请急。①）

皇帝眼皮子底下如此嚣张，谢灵运胆子够大，其余大臣可就议论纷纷了。刘义隆爱才心切，也不想伤害他，暗示他主动请辞。谢灵运于是上表陈述自己有病，皇帝顺势批准他休假，回会稽养病，仍旧保留他的官职。临行之前，谢灵运上了一道奏疏力劝北伐，极力表示自己的忠心和爱国情操，并使出浑身解数赞颂宋文帝。

谢灵运似乎心有不甘，但他的仕途暂停键就这样按下去了。元嘉五年（428），他回到会稽，再次开始作诗游乐的隐居生活。他玩乐起来，常常通宵达旦、喧闹不已，引得十里八乡的人都知道。官职在身，而且名义上是来休假养病，如此作为，就免不了被人盯上。不久之后，谢灵运遭到御史中丞傅隆弹奏，被免去官职。

---

① 《宋书》卷六十七《谢灵运传》，第 1772 页。

无官一身轻，谢灵运玩得更来劲了，还集结了包括同族兄弟谢惠连、东海何长瑜、颍川荀雍、泰山羊璿之在内的一大批文人一起玩。这些人，大都和他性情相投，性格相似，他们在一起就是写诗作乐，那位何长瑜，还写了若干诗挖苦嘲笑当时的士大夫，这些诗流传开后，他很是遭人记恨。

谢灵运对别人的记恨浑然不觉，他的日子过得很开心，祖上留下的资本，足够他奢侈地过上好几辈子。他热爱旅行，常常翻山越岭去最幽深险峻的地方。为了登山便利，他发明了"谢公屐"，穿上这种木屐，走在陡峭的山路上如履平地，因为在上山时可以卸掉前面的鞋齿，下山时则卸掉后面的鞋齿。

谢灵运出行，总是阵容庞大。他曾经从始宁的南山砍树开路，一直通到临海郡（今浙江省临海市），跟随他的有几百人。浩大的声势引起了临海太守王琇的惊惧，以为山民起来造反了，等探听清楚是谢灵运，这才放心。

谢灵运热情洋溢地邀请王琇一同游玩，王琇没那心思，婉言拒绝。谢灵运又给王琇赠诗，里面有这样的句子，"邦君难地险，旅客易山行"①。翻译成白话，意思是，你们这破地方路太难走了，幸好我老谢有丰富的野外旅行经验，这一路走得很顺畅。

这位王琇，说起来也是一位失意人，宋少帝刘义符在位时，他曾担任侍中，是朝廷中央要员。少帝被废以后，他参与上表迎立宋文帝，但后来并没有被重用，也没有被卷入徐羡之、傅亮案，而是改任临海太守，也算是平安落地。

得罪王琇，问题不大。但不久后，谢灵运得罪了一个不该得罪的人——孟颢。

---

① 《宋书》卷六十七《谢灵运传》，第 1775 页。

05

　　孟颉是当时的会稽太守，这个职位很重要，普通的京官见了他都要让三分。谢灵运虽说是世袭贵族，但好歹人家是父母官，谢家的庄园别墅都在其行政管辖区域里，彼此搞好关系，很有必要。

　　可惜，搞好关系，谢灵运不会。他擅长的，是把关系搞坏。通过《南史》卷十九《谢灵运传》记载的三件事，可以清楚地知道，谢灵运是怎样把他和孟颉之间的关系给一步步搞坏的。

　　第一件事。

　　孟颉虔诚地信仰佛教，谢灵运也对佛教研究颇深，但两人在修行上走的是两条不同的道路。谢灵运瞧不上孟颉，当面取笑他："只有那些有灵气的人才能得道，您老人家可能会在我之前升天，但成佛肯定是在我之后了。"这话把孟颉气得够呛。（太守孟颉事佛精恳，而为灵运所轻，尝谓颉曰："得道应须慧业，丈人生天当在灵运前，成佛必灵运后。"颉深恨此言。①）

　　第二件事。

　　谢灵运和王弘之等人去千秋亭饮酒，光着身子大喊大叫。鬼哭狼嚎惹得孟颉实在无法忍受，就派人去找谢灵运，希望他们别闹腾。谢灵运怒了，说："我们喊我们的，跟呆子有什么关系？"（又与王弘之诸人出千秋亭饮酒，保身大呼，颉深不堪，遣信相闻。灵运大怒曰："身自大呼，何关痴人事？"②）

　　第三件事。

　　会稽东城有个回踵湖，谢灵运上书宋文帝，请求泄掉湖水开为田地，文帝觉得这个主意可行，就让会稽郡实行。回踵湖里有不少水产，

---

① 《南史》卷十九《谢灵运传》，第 540 页。
② 《南史》卷十九《谢灵运传》，第 540 页。

百姓们感到很可惜，孟颢于是坚持不让泄湖。谢灵运的计划没能落实，于是又请求把始宁的休崲湖开为田地，孟颢又坚决不肯。谢灵运的计划接连被孟颢破坏，他很生气，说孟颢并不是为老百姓的利益着想，而是顾虑决开湖水会害死水中许多生命。谢灵运其实是说，孟颢在假托百姓利益实现他个人修行的私欲。（会稽东郭有回踵湖，灵运求决以为田，文帝令州郡履行。此湖去郭近，水物所出，百姓惜之，颢坚执不与。灵运既不得回踵，又求始宁休崲湖为田，颢又固执。灵运谓颢非存利人，政虑决湖多害生命，言论伤之。与颢遂隙。①）

如此三个回合下来，谢灵运和孟颢的关系彻底完了。

孟颢这个人，不好惹。俗话说"横的怕愣的，愣的怕不要命的"，如果说谢灵运是横的，孟颢，就是那个愣的。

来看孟颢其人。他并非无名之辈，他是名臣孟昶的弟弟，史称"昶、颢并美风姿，时人谓之双珠"。孟颢做事认真，言谈举止有自己的一套逻辑，但有个缺点，就是不大会变通。

那是东晋义熙十三年（417），刘裕北伐关中、洛阳，东晋国内政务交给其非常信任的刘穆之打理。打下关中后，刘裕以关中作基地，踌躇满志打算继续北伐。但就在此时，刘穆之病逝，他原先的那些工作，只得由徐羡之接手。当时，孟颢正在京城做事，有一次，和徐羡之、王弘等人讨论起北伐，说到刘穆之的死，孟颢连声哀叹，他认为刘穆之原先那些工作，别人压根就没本事揽。

王弘听后，怼孟颢："昔魏朝酷重张郃，谓不可一日无之。及郃死，何关兴废？"②王弘用三国旧事比喻眼前的形势。魏明帝曹叡在位时，魏国大将张郃在与蜀汉交战时中箭身亡。魏明帝得到消息后，在朝堂之上哀叹，说蜀还没平，张郃就去世了，可如何是好。听闻明帝这话，下面的大臣议论纷纷。见识颇高的辛毗，虽然也为张郃感到惋惜，但他认

---

① 《南史》卷十九《谢灵运传》，第 541 页。
② 《南史》卷十九《谢灵运传》，第 542 页。

为,既然人已经去世了,就不要说那些丧气话,世界之大,能人之多,缺了谁都一样转。

王弘的话,其实很有道理。但孟颉不高兴了,当场挂起一脸秋霜,旁边的人于是岔开话题,这才缓解了尴尬局面。

孟颉就是这么愣,谢灵运的横,他当然不买账。而且,他要彻底搞垮谢灵运。在他看来,谢灵运一天到晚放荡不羁、侵扰百姓,还私自募集了那么多家丁,明摆着是要造反,必须奏一本。

元嘉八年(431),孟颉上书告发谢灵运,并派出军队戒严。谢灵运听到消息,立马抄小路飞骑赶往京城,上书宋文帝,表示自己受了天大的冤枉。宋文帝信了谢灵运,但是,并没有放他东归会稽,而是任命他为临川内史,并且把俸禄增加到了两千石。

谢灵运躲过劫难,赴临川就任。在临川,谢灵运继续过着放浪山水的日子,于是再次被人弹劾。当朝司徒、彭城王刘义康派人抓捕谢灵运,谢灵运反而扣押来人,并起兵叛逃。

叛逃之中的谢灵运选择了公开对抗刘宋政权,他写了一首诗:"韩亡子房奋,秦帝鲁连耻,本自江海人,忠义感君子。"①将刘宋王朝比作暴秦政权,并以抗秦的张良、鲁仲连自比,表示自己要像他们那样为被灭亡的故国复仇雪耻。

这时是宋文帝元嘉十年(433),谢灵运已经49岁了。他的举止,令人费解,也令人惋惜。史学家汤用彤曾如此概括谢灵运的生存状态:"唯康乐究乏刚健之人格,于名利富贵不能脱然无虑,故虽身在山林,心向魏阙,心怀晋朝,而身仕宋帝。"②这似乎是谢灵运一生怪诞行为的最佳解释。

谢灵运最终被擒获,论刑当死。宋文帝爱惜他的才能,又感念他的祖父谢玄军功卓越,因此,免去他的死罪,充军广州。

---

① 《宋书》卷六十七《谢灵运传》,第1777页。
② 汤用彤:《汉魏两晋南北朝佛教史》,昆仑出版社,2006年,第387页。

谢灵运偕儿子谢凤、孙儿谢超宗同往广州。艰辛的旅途中，写诗作文拯救他于绝望。到达广州后不久，谢灵运遭人告发，说他找人购买兵器、招募身强力壮的人，让他们在路上将他从押解的人手中抢出来。

这一次，谢灵运的好运气用尽了。宋文帝下诏在广州处死他。谢灵运临刑前写道：

> 龚胜无余生，李业有终尽。
> 嵇公理既迫，霍生命亦殒。
> 悽悽凌霜叶，网网冲风菌。
> 邂逅竟几何，修短非所愍。
> 送心自觉前，斯痛久已忍。
> 恨我君子志，不获岩上泯。①

龚胜、李业、嵇公、霍生，四位都是有名的历史人物，他们都因为拒绝与篡逆得势的新政权合作而殒命。

谢灵运的人生以悲剧收尾，但在文学的王国里，他是永生的。他被认为丰富和开拓了诗的境界，使山水的描写从玄言诗中独立了出来，自他始，山水诗成为中国诗歌史上的一个流派。

---

① 《宋书》卷六十七《谢灵运传》，第 1777 页。

十、诗国先锋谢朓：为南京写下最美情诗

"江南佳丽地，金陵帝王州。"

说到古都南京，很多人会联想起这句诗。这是南朝诗人谢朓《入朝曲》中的诗句，高度凝练地概括了南京自古以来的地理形势和城市地位。金陵自此成为历代诗人吟咏的对象和这座城市最为诗意的名字。

谢朓出自陈郡谢氏，他的辈分比谢灵运晚一辈，是谢安二哥谢据的玄孙。

01

南齐永明九年(491)春，二十八岁的谢朓，离开京城建康，赶赴荆州治所江陵(今湖北江陵)就任。

他的幕主，是随郡王、荆州刺史萧子隆，赴任途中，他受命创作了这首《入朝曲》：

> 江南佳丽地，金陵帝王州。
>
> 逶迤带绿水，迢递起朱楼。
>
> 飞甍夹驰道，垂杨荫御沟。
>
> 凝笳翼高盖，叠鼓送华辀。
>
> 献纳云台表，功名良可收。[1]

---

① 杜晓勤选注：《谢朓庾信诗选》，中华书局，2005 年，第 16 页。

　　五十个字，从各种角度，极写皇京帝都的壮丽繁华。虽然脱不了歌功颂德的窠臼，但造境宏伟高健，语言清鲜流丽，是上乘之作。诗歌的最后一句——献纳云台表，功名良可收，祝颂萧子隆成就功名事业，祝颂后面，藏着诗作者谢朓的政治热情和蓬勃进取心。

　　意气风发的他，依稀望见，再造家族荣耀指日可待。

　　谢朓出自陈郡谢氏，他的高祖父谢据，是谢安的二哥。谢据其人，《晋书》中没有关于他的记载，但通过《世说新语》及书中的刘孝标注，可以大致了解他。

　　谢据三十三岁去世，生前没有什么大的作为，所幸他有一位颇有远见卓识的夫人，名叫王绥。在王绥的教导和谢安的照顾下，谢据的儿子谢朗和谢允得以长大成人。谢允的小儿子名叫谢述，谢述生有三子：谢综、谢约、谢纬，谢纬的独子就是谢朓。

　　谢述其人，"美风姿，善举止"①，《宋书》卷五十二有传。他在东晋末年做了刘裕的参军，刘宋建立后，他得到宋武帝刘裕、宋文帝刘义隆与彭城王刘义康信任，官至吴兴太守，任上颇有作为。

　　到了谢述的儿子这一辈，家庭遭遇巨大的变故。变故来自谢述的长子谢综。谢综其人，有才艺，善隶书，曾做过太子中舍人。宋文帝元嘉二十二年（445），谢综被卷入"范晔谋反案"。范晔，《后汉书》的作者，才华横溢，名垂千古，但在政治上并不成熟，元嘉二十二年，他在孔熙先的鼓动下，支持被贬的彭城王刘义康发动政变，事败被下狱，伏诛。谢综的弟弟谢约，是刘义康的女婿，也连坐被诛。

　　两位兄长被杀，谢纬却躲过一死，被流放广州。究其原因，可能是他娶了宋文帝刘义隆的第五个女儿长城公主，并且他的两位兄长与他关系向来不和睦，互相很少走动。

　　谢纬与长城公主的儿子，正是谢朓。谢朓出生在父亲自流放地广州回来之后，此时距离"范晔谋反案"已过去十九年，但笼罩在谢朓头顶

————————————

　　① 《宋书》卷五十二《谢述传》，第 1496 页。

的阴霾一直都在。

实际上，在谢朓出生之前五十年多年的时间里，陈郡谢氏死于政治斗争的才俊之士，并不止谢综与谢约。

以下举三例。

东晋义熙八年（412），晋安帝司马德宗下诏降罪谢安之孙谢混，罪状为"凭借世资，超蒙殊遇，而轻佻躁脱，职为乱阶，煽动内外，连谋万里"①。按照诏书所言，谢混凭借家世资望，超格蒙受朝廷厚遇，但是轻佻浮躁，行为不检，造成了祸乱，煽动内外，与刘毅相勾结图谋不轨。实际上，所谓的不轨，是他卷入了刘裕与刘毅的权力争斗，身为刘毅的同党，他是刘裕黑名单上的必杀对象。而随着刘裕在二刘之争中胜出，谢混的命运也已经注定。谢混死后，其妻晋陵公主被迫离开谢家。

刘宋元嘉三年（426），继宋少帝之后即位的宋文帝刘义隆，因担心权臣徐羡之、傅亮等人权势太甚，以弑杀宋少帝的罪名收杀二人。参与废杀少帝的谢晦起兵反抗，兵败被斩。谢晦是谢朗之孙，比谢朓长一辈，史书记载他"美风姿，善言笑，眉目分明，鬓发如点漆，涉猎文义，朗赡多通"②。与谢晦一起被杀的，还有他的弟弟谢曒、谢遁，他的侄子谢世基、谢世猷等人。

宋文帝元嘉十年（433），宋文帝刘义隆下诏在广州处死谢灵运。

作为陈郡谢氏后人，谢朓一出生就面对的是整个家族的衰败。虽然他的母亲贵为长城公主，但于谢家而言，她带来的危险远远大于庇佑。因为刘宋皇室内部的倾轧，自宋武帝刘裕死后，就没有间断过。

元嘉三十年（453），刘义隆长子刘劭发动宫廷政变，杀死父亲，自立为帝。

宝座坐了不到三个月，刘劭遭遇众镇起兵反叛，叛乱中，其弟刘骏被拥立为帝，刘劭被杀。孝武帝刘骏为刘宋王朝带来了相对繁荣稳定

---

① 《晋书》卷八十五《刘毅传》，第 2210 页。
② 《宋书》卷四十四《谢晦传》，第 1348 页。

的十二年。

孝武帝大明八年(464)，刘骏去世，同一年，已与谢纬成婚多年的长城公主高龄产子，生下谢朓。刘骏去世后，其长子刘子业即位。刘子业在位期间，大肆杀戮刘宋皇室成员，凶残暴虐不得人心，仅一年多，就被其叔父湘东王刘彧等人弑杀。刘彧继刘子业之后登基，为防刘骏诸子夺取皇位，亦大肆屠戮，杀尽诸位侄子。

在刘宋皇室内部血雨腥风的厮杀中，小谢朓艰难地成长着。厮杀还将继续，武力称霸的时代，强者为王。谢朓要做的，是迅速学会站立、奔跑、周旋。他还必须强壮。作为父母的独子、祖父的独孙，他背负着家族的耻辱，也背负着家族的希望。

然而，强壮这个词，与谢朓实在不搭。五岁时，父亲去世，他与母亲相依为命。门单户薄，是这对母子的真实写照。胆怯、木讷、忧郁，是谢朓的童年和少年底色。令人窒息的苦闷之中，读书，成为谢朓唯一的安慰和希望。《南齐书》卷四十七《谢朓传》称他："少好学，有美名，文章清丽。"①

刘彧一心为自己的儿子铺平道路，他的继任者刘昱的确没有受到来自皇族内部的威胁，却为自己的宠臣杨玉夫所杀。

刘昱死后，他的弟弟刘准即位，即宋顺帝。升明三年(479)，刘准被迫禅位于南齐开国皇帝萧道成。

这一年的谢朓，年仅 16 岁。孤儿寡母，因为柔弱而被忽略，得以存活。

02

大约在南齐建元二年(481)，谢朓娶浔阳郡公王敬则的女儿为妻。

---

① ［南朝梁］萧子显：《南齐书》卷四十七《谢朓传》，中华书局，1972 年，第 825 页。

在讲究门当户对的等级社会,以陈郡谢氏的门第之高贵,这是一桩极不匹配的婚姻。

王敬则是个武夫,出身寒微,大字不识几个。《南齐书》卷二十六《王敬则传》记载,他是女巫的儿子,生下来的时候胞衣呈紫色,与众不同,他的母亲为他相面,认为他天生是当兵的料。(母为女巫,生敬则而胞衣紫色,谓人曰:"此儿有鼓角相。"①)王敬则长大一些,遇到很多奇奇怪怪的事情,比如,他腋下长出数寸长的乳头,还梦见自己骑着五色狮子。

二十多岁的王敬则,擅长玩空中接刀的杂耍,并因此被召入宫中,受到前废帝刘子业的喜爱。此后,得命运眷顾,他在两次重要的政变中都站对了队伍。第一次,他帮宋明帝刘彧杀掉了前废帝刘子业;第二次,他帮齐高帝萧道成杀掉了后废帝刘昱。

谢朓成为王家女婿的这年,王敬则稳坐抚军将军的位子,妥妥的开国元老。谢家文,王家武;谢家门第高贵,王家出身卑贱。谢家衰,王家盛;谢家在走下坡路,王家则是朝中新贵。取长补短,也是一种匹配,目的是双赢。

谢朓与新婚妻子的关系是否和睦,不得而知。但可以肯定的是,势单力薄的谢朓,因为有了岳父的庇佑,入仕求功名还算顺利。从十九岁到二十八岁,他先后服务于豫章王萧嶷、随王萧子隆、卫将军王俭、太子萧长懋。

这段时间的谢朓,长居京城建康,交游广泛。他经常与沈约、萧衍、王融、萧琛、范云、任昉、陆倕等人出入竟陵王萧子良的西邸,酬唱宴会,八人被合称为"竟陵八友",有名的"西邸之游",即指他们在这一阶段的文学活动。

兜兜转转,二十八岁这年,谢朓入萧子隆幕下,并跟随萧子隆赴荆州。在荆州,谢朓是最耀眼的明星,他以卓越文才,得萧子隆特别的赏

爱。嫉妒和谗言相伴而来，齐武帝萧赜在收到长史王秀之的秘奏之后，也怀疑浮浪的谢朓要把单纯的八皇子萧子隆带坏了，于是勒令谢朓还都。

两年的荆州生活被迫告一段落，永明十一年（493）七月，谢朓闷闷不乐回到京城。返京途中，他写下《暂使下都夜发新林至京邑赠西府同僚》①一诗，向曾经同游西邸的文友们倾诉内心的苦闷，其中的"常恐鹰隼击，秋菊委严霜"之句，读来令人心悸。谢朓内心极度缺乏安全感，他把自己比喻成飞翔的鸟儿和秋天的菊花，前者需要时刻提防猛禽凶残的袭击，后者则随时可能在严霜的摧残中枯萎。尽管如此，谢朓还是积极寻求出路，结尾"寄言罻罗者，寥廓已高翔"之句，他向告密者发出不妥协的宣示：你们布好的落网，并不能将我束缚住，我已经振翅飞翔。

然而，现实很骨感。作为一个失业的中年男人，他怎么飞也飞不高，只能暂且栖息枝头，躲避在老丈人的羽翼下，密切关注皇宫里正在上演的大戏。

七月底，齐武帝萧赜病危，由于此前太子已经去世，因此到底选谁继承帝国的皇位，武帝有点犹豫。武帝比较中意二皇子、竟陵王萧子良，他文采卓越、性格宽厚、体恤百姓，口碑向来很好。但是皇太孙萧昭业也不错，况且他已经满了 20 岁，可以为国当家了。

一番明争暗斗，最终武帝遗诏传位于萧昭业。同时，还诏令竟陵王萧子良和西昌侯萧鸾辅政。

卧榻之侧岂容他人鼾睡，萧昭业看这两个碍手碍脚的辅政王侯很不顺眼。文弱的萧子良很快被他看得撑不住了，八个月后就忧惧而死。萧鸾却不认怂，隆昌元年（494）七月，萧鸾发动政变，杀掉齐废帝萧昭业，并立新安王萧昭文为皇帝。萧昭文只有十四岁，帝国的幕后操控者，实际上是萧鸾。

皇宫里的戏，场面大，人物多，剧情复杂。有时候，就连谁是男主

---

①　杜晓勤选注：《谢朓庾信诗选》，第 41 页。

角，一时半会也看不明白。谢朓睁大眼睛，努力寻找自己的男主角。

在京城赋闲三个月后，他先是入新安王萧昭文中军将军府任职，起草文书奏章。萧昭文并非久远的靠山，他只是萧鸾手里的一枚棋子，只做了三个月皇帝，就被萧鸾废杀。随后，萧鸾自立为帝。

萧鸾想重用谢朓，他看中谢朓的文才。

谢朓为萧鸾撰写了多篇重要的应用文字，还吟咏出诸多歌功颂德的诗章。萧鸾也对谢朓信用有加，先是让他在朝廷中央执掌中书昭诰，后又出任宣城太守，宣城紧邻建康城，是拱卫京畿的重地，无论政治和军事地位都很显要。离开宣城太守任后，谢朓再次回到中央任中书郎，不久后再次出任，为晋安王镇北咨议、南东海太守。

虽然颇受萧鸾宠爱，但谢朓还是活得小心翼翼的。他深知，通过废杀两位皇帝登极的萧鸾，猜疑心极重。

的确，在齐高宗萧鸾的心里，也有一个黑名单，上面都是对他有威胁的人。这个名单上有高帝萧道成的子孙和武帝萧赜的子孙，他们是对皇位有直接威胁的人，必须斩草除根。谢朓并不在这个名单里，因为在萧鸾看来，他是一介可以拉拢利用的文人。但是，谢朓的老岳父、南齐开国功臣王敬则，作为萧道成和萧赜两朝的元老，却让篡权上位的萧鸾颇为忌惮。萧鸾即位后，削夺王敬则的兵权，还将他赶出京城，并派人严密监视他的日常举动，得知没什么出格的地方，又听说他已经老朽，这才稍稍放心。

但是，王敬则始终在萧鸾的黑名单里，下手是迟早的事。

03

萧鸾动手了。

永泰元年（498），萧鸾病重，几次面临生命危险。为了替自己年幼的继承人扫清障碍，他决意除掉王敬则。消息很快传扬开来，身在会稽的王敬则也知道了。如何应对？就在王敬则举棋未定之时，他的第五子王幼隆果断行动了。

王幼隆派遣正员将军徐岳秘密将情况报告给身在京口（今江苏镇江）的谢朓，想和他商量应对办法，如果彼此意见一致，就报告给王敬则。

接到消息后，谢朓迅速做出回应。他把徐岳抓起来，快马飞奔京城，启奏萧鸾王敬则意欲谋反。谢朓的作为，被住在京口的王敬则城局参军徐庶得知，徐庶随即派人将消息传给王敬则的侄子王公林。王公林见事已至此，于是劝王敬则赶紧连夜奔赴建康，启奏皇上要求处理王幼隆，以便保存其他人。

王敬则命人起草奏折，草成之后，却不忍传送京城。这天夜里，王敬则叫身边文武僚佐来赌钱，向众人征询意见。生死攸关之际，没有人敢率先回答。

天亮后，王敬则决意起兵反叛。建康城里，接到谢朓密报的萧鸾，早已做好了准备。他采取四举并进的措施对付王敬则：将王敬则在京城的四个儿子全部就地处死；传令徐州刺史徐玄庆杀掉正在徐州率兵抗敌寇的王敬则长子王元迁；瓦解王敬则集团内部，宣布对于其他误入歧途者，一律宽大处理；派遣辅国将军左兴盛、后军将军崔恭祖、辅国将军刘山阳、龙骧将军胡松率兵抗击王敬则。

由于朝廷方面争得先机，部署严密，仓促起兵的王敬则很快败下阵来，被斩首传建康。

岳父命丧战场，谢朓却迎来了仕途佳音。《南齐书·谢朓传》载："启王敬则反谋，上甚嘉赏之。迁尚书吏部郎。"①他因为告密有功，萧鸾将他超阶升为尚书吏部郎。

这是一顶沾满岳父及其五位儿子鲜血的官帽，谢朓多次上表不受，但最终天命难违，他从地方又回到中央，任吏部郎。吏部郎，是他一生最显贵的官职。

----

① 《南齐书》卷四十七《谢朓传》，第 826 页。

　　对于岳父之死,谢朓心怀愧疚。但告密似乎是他唯一的选择。谢朓的祖父、陈郡谢氏谢述这一门,长子谢综和次子谢约,以及他们的后人,早已因"谋反"被诛杀,谢朓那侥幸躲过一死的父亲谢纬,也已忧愤而死。谢朓是独苗,他不能重蹈伯父们的覆辙,不能把谢家带入万劫不复的深渊。

　　但他把自己带进了万劫不复的深渊。《南齐书·谢朓传》记载:"朓初告王敬则,敬则女为朓妻,常怀刀欲报朓,朓不敢相见。及为吏部郎,沈昭略谓朓曰:'卿人地之美,无忝此职。但恨今日刑于寡妻。'"①

　　此时的谢朓,母亲已经去世,妻子王氏和两个儿子,是他在世界上最亲的人,但妻子视他为眼中钉、肉中刺,她带走了孩子,她还常常怀揣利刃,要为自己的父亲和兄弟们报仇,吓得谢朓避之唯恐不及。谢朓失败的婚姻生活,成为朝中同僚们茶余饭后的谈资,他们甚至以当面嘲讽挖苦他为乐。

　　而就在谢朓去世 300 年后,唐人牛僧孺也拿谢朓与王氏的婚姻,敷衍出一篇离奇趣文,收入《玄怪录》卷二《曹惠》。②

　　大唐武德初年,江州参军曹惠的官舍中设有佛堂,堂中有两个木偶人,长一尺多。曹惠将它们带回家给小孩子玩耍。小孩子准备吃饼,发现木偶人也伸出手要饼。孩子吓坏了,急忙告诉曹惠。曹惠让孩子把木偶人带到他面前,并展开一段对话。原来,这两个木偶人,一个叫轻素,一个叫轻红,出自谢朓墓中,是谢朓死后,其好友沈约赠送的陪葬品。

　　木偶人轻素告诉曹惠,谢朓与妻子王氏在阴间仍旧不合,不合的原因,"王氏本屠酤种,性粗率多力"。谢朓实在无法忍受粗鲁蛮横的妻子,于是秘密启奏天帝。得到天帝准许后,谢朓休掉王氏,并娶西晋名

---

①　《南齐书》卷四十七《谢朓传》,第 828 页。

②　[唐]牛僧孺、李复言撰,姜云、宋平校注:《玄怪录 续玄怪录》,上海古籍出版社,1985 年,第 46—48 页。

士乐彦辅的第八女为妻，两人很是恩爱。谢朓担任南曹典铨郎的职务，乘肥衣轻，与一帮文人雅士弹琴作诗，酬唱往来，十分快活。谢朓更是自夸，自古以来，除了曹植，没有人才华比得上自己。

天正二年(552)的某一天，轻素正在给乐家娘子端洗脚水，突然有贼人来挖墓。乐家娘子化成一只白蝼蛄逃走，谢朓脖子上的玉环，被盗墓贼敲了下来。而轻素和轻红，则在离开墓穴后，辗转来到了曹惠家中。

《玄怪录》所载为传奇小说，故事充满荒诞神异色彩，但毋庸置疑，这则故事所附着的人物和历史背景是真实的——谢朓与王氏的政治婚姻，的确是一场悲剧。而根据小说所写，谢朓的墓极有可能在他下葬后不久即被盗。

《曹惠》提到的天正二年(552)，正值侯景之乱的尾声，整个江南地区的社会经济遭到毁灭性破坏。出身江南寒族的陈霸先趁势崛起，并在五年后取代梁朝，建立陈朝。陈朝的建立，彻底宣告了以王谢为代表的南渡世家大族在江南的失势。挽歌已经响起，"旧时王谢堂前燕，飞入寻常百姓家"的时代即将到来。

04

王敬则被杀之后两个月，萧鸾驾崩，其第二子萧宝卷即位。

十六岁的萧宝卷，还是个孩子。他讨厌工作，他爱的是玩游戏，经常玩到天快亮才上床睡觉，天快黑时才起床。王侯来朝见他，往往是一等一整天，到天黑了才能见到他，也有时候，等到天黑也见不到他。例如，永元二年(500)，皇宫举行元会，群臣朝贺刚结束，他便自顾自回到殿西去睡觉。从上午九点到下午五点，他睡得昏天黑地，留文武百官傻傻地枯坐殿中，饭也不敢吃，窝也不敢挪，有人甚至坐得浑身麻木跌倒在地。

萧宝卷宠幸潘妃，他在宫苑里设立市场，让宦官杀猪宰羊，宫女沽酒卖肉，潘妃充当老板娘，自己则担任副手。做游戏的过程中，遇到大臣递来紧急奏折，他就让老板娘随意裁决。他带着潘妃出皇宫找乐子，夜出昼返，火光照天，每次都有几百人随从，阵仗很大。由于皇上时不时就出宫来逛，郊区附近的士农工商都无法正常生活。他大兴土木，耗费巨资修建宫殿。为了园林绿化，到附近民家征取，挖树折花，拆砌扒屋，与民争利，无休无止。

《资治通鉴》卷第一百四十三卷《齐纪九》记载了他的另一件荒唐事：他命令工匠用黄金凿成莲花，一朵一朵贴在地面上，当他的爱妃潘玉儿赤裸脚踝，袅袅婷婷行走其上时，就营造出了"步步生莲花"的美幻图景。（凿金为莲华以帖地，令潘妃行其上，曰："此步步生莲华也。"①）

这样的萧宝卷，朝野上下，人人嗟怨。永元元年（499），萧宝卷的堂兄、始安王萧遥光打算废掉萧宝卷，与右仆射江祏、侍中江祀等人密谋起事，并派遣亲信刘沨送信给谢朓，许诺高官厚禄，想拉其入伙。

谢朓当然不肯，远的不必说，老丈人王敬则的前车之鉴就在眼前。但这个天大的秘密，谢朓不敢私藏。这一次，他似乎吸取了教训，没有直接密奏皇帝。而是找到太子右卫率左兴盛，把事情和盘托出。这位左兴盛，正是前不久受命镇压王敬则叛乱的将领之一。谢朓找到他，颇有为自己证清白的意味，也有请他帮忙的意味。但这位左兴盛，面对谢朓的求助，"不敢发言"②，以沉默应对。

这个秘密烧心烧肺，快把谢朓烧焦了。得知他的好朋友刘暄，已经入了萧遥光的伙，他又找到刘暄，想把好朋友从火坑里拉出来。

谢朓就这样把自己放到了砧板上。刘暄将谢朓之事飞报萧遥光与江祏，《南史》卷十九《谢朓传》记载，萧、江二位谋主得到消息后，就如何处置谢朓产生了分歧，"始安欲出朓为东阳郡，祏固执不与"③。萧遥光

---

① 《资治通鉴》第一百四十三卷《齐纪九》，第 4471 页。
② 《南齐书》卷四十七《谢朓传》，第 827 页。
③ 《南史》卷十九《谢朓传》，第 534 页。

想把谢朓驱逐出京城，委派到东阳郡去，江祏不同意，欲置谢朓于死地。

江祏的无情，事出有因。当初，谢朓瞧不起江祏的为人，有一次江祏去拜访他，他言行之间流露出不敬。又有一次，江祏、江祀兄弟与谢朓等多人一起聚会，谢朓用西晋左思《蜀都赋》中的"可谓带二江之双流"来揶揄江氏兄弟，自此遭到对方强烈记恨。

萧遥光与徐孝嗣、江祏、刘暄等人联名启奏皇帝，罗织罪名，诛杀谢朓。奏疏称："谢朓资性险薄，大彰远近。王敬则往构凶逆，微有诚效，自尔升擢，超越伦伍。而溪壑无厌，著于触事。比遂扇动内外，处处奸说，妄贬乘舆，窃论宫禁，间谤亲贤，轻议朝宰，丑言异计，非可具闻。无君之心既著，共弃之诛宜及。臣等参议，宜下北里，肃正刑书。"①

谢朓被描述成一个贪得无厌、四处离间、图谋不轨的乱臣贼子。

永元元年（499）八月，谢朓被诛杀，时年三十六岁。谢朓临死前，托人带话给好友沈约，希望他秉笔直书，以便自己的忠心能为后世所见。及至行刑，他又留下一句感叹："天道其不可昧乎！我虽不杀王公，王公因我而死。"②

王公，指王敬则。当谢朓自己因遭人密报受诬被杀时，他想起了老丈人，想起了那一天，他扣住徐岳，飞驰京城密奏萧鸾的往事。那一次，他赌赢了。但是这一次，他输了。

谢朓是南齐残酷政治斗争的参与者、见证者、牺牲者。实际上，在他经历的这最后一场血腥的混乱角逐里，并没有赢家。

谢朓死后，刘暄告发江祏、江祀兄弟，致江氏兄弟被杀。萧遥光以讨伐刘暄为名起事，事败被杀。刘暄亦在同年被诛杀。

永元二年（500），萧衍起兵攻讨萧宝卷，次年攻陷建康，萧宝卷被杀。萧衍拥立荆州刺史、南康王萧宝融为帝。萧宝融在位一年，被迫禅位给萧衍，南齐自此结束。中兴二年（502），萧衍在都城建康的南郊祭

---

① 《南齐书》卷四十七《谢朓传》，第 827 页。
② 《南史》卷十九《谢朓传》，第 534 页。

告天地，登坛接受百官跪拜朝贺，自此南梁开启。

萧衍与谢朓为旧交，早年曾同游竟陵王萧子良西邸，颇多诗文唱和。据《南史·谢朓传》记载，萧衍曾将其二女儿即后来的永世公主，许配给谢朓之子谢谟。但是萧衍即帝位后，看不上谢谟，又嫌弃他门户单薄，于是全不念旧情，打算将女儿改配辅国将军张弘策之子。张弘策去世后，萧衍又将女儿改配给王志之子王諲。王志父子，出自琅琊王氏，是东晋名臣王导的直系后人。

这对谢谟来说，侮辱性极强。他与公主，当初应该是彼此倾慕，有深厚的感情基础，如今虽然劳燕分飞，情谊犹未绝。谢谟写信给公主，诉说心中苦楚。公主将信呈交梁武帝萧衍，萧衍看了也感叹不已。感叹归感叹，但翁婿缘分已尽。不久后，萧衍任谢谟为信安县令，后又迁王府咨议。这些都是低品秩官位。

05

谢朓一生留下诗、赋、章、表等各类文章百余篇，其中有诗歌 152首，这也被认为是他创作的精华所在。

魏晋以来，谢灵运第一次把山水诗大量引入诗歌，但他的诗歌还残留着玄言的尾巴。谢朓则以诗界先锋的姿态，勇敢抛弃了玄言的尾巴，让山水成为寄寓人的喜怒哀乐的审美对象，并以此为后来的唐诗大爆发奠基。

他被后世推为和陶渊明、谢灵运鼎立的六朝三大诗人之一，与他同时代的沈约，称赞他诗歌的独特性——"二百年来无此诗"[1]；梁武帝萧衍强调他诗歌的清新自然——"三日不读谢诗，便觉口臭"[2]；清代学者

---

[1] 《南齐书》卷四十七《谢朓传》，第 826 页。
[2] ［南朝齐］谢朓撰，曹融南校注：《谢朓集校注》，中华书局，2019 年，第 451页。

沈德潜评价他"齐人寥寥,谢玄晖独有一代"①;清代学者方东树则给予其诗歌"玄晖别具一副笔墨,开齐梁而冠乎齐梁"②的评价。

谢朓存世的 152 首诗歌中,有多篇以金陵为书写对象。金陵是他的家乡,念兹在兹。试举两首。

晚登三山还望京邑

灞涘望长安,河阳视京县。

白日丽飞甍,参差皆可见。

余霞散成绮,澄江静如练。

喧鸟覆春洲,杂英满芳甸。

去矣方滞淫,怀哉罢欢宴。

佳期怅何许,泪下如流霰。

有情知望乡,谁能鬒不变?③

之宣城郡出新林浦向板桥

江路西南永,归流东北骛。

天际识归舟,云中辨江树。

旅思倦摇摇,孤游昔已屡。

既欢怀禄情,复协沧州趣。

嚣尘自兹隔,赏心于此遇。

虽无玄豹姿,终隐南山雾。④

---

① [清]沈德潜撰,王宏林笺注:《说诗晬语笺注》,人民文学出版社,2013 年,第 135 页。

② [清]方东树著,王绍楹校点:《昭昧詹言》,人民文学出版社,1984 年,第 186 页。

③ 程千帆、沈祖棻注评:《古诗今选》,凤凰出版社,2010 年,第 91 页。

④ 程千帆、沈祖棻注评:《古诗今选》,第 92 页。

谢朓如流星划过金陵城的上空，但他那些美丽的文字永远地留在了金陵。就在谢朓被诬杀 250 年后，唐人李白游历金陵，在金陵城西，写下了《金陵城西楼月下吟》：

> 金陵夜寂凉风发，独上高楼望吴越。
>
> 白云映水摇空城，白露垂珠滴秋月。
>
> 月下沉吟久不归，古来相接眼中稀。
>
> 解道澄江净如练，令人长忆谢玄晖。①

李白长忆的那位谢玄晖，就是谢朓。玄晖，是谢朓的字。李白还把谢朓的诗句，化用进自己的诗里，以此致敬偶像。李白口中念着谢朓，脚下循着谢朓，走遍金陵的山山水水，也走遍谢朓曾担任太守的宣城的山山水水。

在金陵城新林浦，他吟："明发新林浦，空吟谢朓诗。"（《新林浦阻风寄友人》）

在金陵城板桥浦，他吟："独酌板桥浦，古人谁可征。玄晖难再得，洒酒气填膺。"（《秋夜板桥浦泛月独酌怀谢朓》）

在著名的三山，他吟："三山怀谢朓，水澹望长安。"（《三山望金陵，寄殷淑》）

在谢朓的诗歌里，他仿佛看到两百多年前的风雨："我吟谢朓诗上语，朔风飒飒吹飞雨。"（《酬殷明佐见赠五云裘歌》）

他反复摩挲谢朓在和亲友别离时的心境："谢公别离处，风景每生愁。"（《谢公亭》）

他还幻想着，假如能和谢朓一起去往长安城："闻道金陵龙虎盘，还同谢朓望长安。"（《答杜秀才五松山见赠》）

谢朓以穿越时空的姿态，进入李白诗歌描绘的场景，为他的豪兴逸

---

① 郁贤皓选注：《李白选集》，上海古籍出版社，1990 年，第 18 页。

志营造最贴切的意象。在谢朓曾经担任过太守的宣城谢朓楼上，李白酣畅淋漓赋就《宣州谢朓楼饯别校书叔云》：

> 弃我去者，昨日之日不可留；
> 乱我心者，今日之日多烦忧。
> 长风万里送秋雁，对此可以酣高楼。
> 蓬莱文章建安骨，中间小谢又清发。
> 俱怀逸兴壮思飞，欲上青天览明月。
> 抽刀断水水更流，举杯消愁愁更愁。
> 人生在世不称意，明朝散发弄扁舟。①

他亲昵地称呼谢朓为"小谢"，那位隐在诗后的"大谢"，则是谢朓的堂叔谢灵运。

睥睨天下的李白，见了谢朓，姿态变得很低。明人张溥用一段话精妙地概括了李白与谢朓的关系：

> 李青莲论诗，目无往古，惟于谢玄晖三四称服，泛月登楼，篇咏数见，至欲携之上华山，问青天。余读青莲五言诗，情文骏发，亦有似玄晖者，知其兴叹难再，诚心仪之，非临风空忆也。②

清人王士禛则说得更直接：

> 青莲才笔九州横，六代淫哇总废声。
> 白纻青山魂魄在，一生低首谢宣城。③

---

① 《李白选集》，第 290 页。

② 〔明〕张溥著，殷孟伦注：《汉魏六朝百三家集题辞注》，人民文学出版社，1981 年，第 196 页。

③ 张健：《王士禛论诗绝句三十二首笺证》，文史哲出版社，1994 年，第 50 页。

诗仙李白，一生都从谢朓的诗歌中汲取养分。实际上，受益于谢朓的，不仅仅是李白一人，而是自唐代以来一代又一代的诗人。继李白而来，照亮诗国金陵长空的，是一个璀璨的星群，刘长卿、卢纶、白居易、元稹、刘禹锡、杜牧、韦庄、王安石、陆游……

他们的笔底，有山河苍茫，有兴衰更替，有人物风流，字字珠玑，落在纸上，又升华在永恒的文学时空里，链接着伫立在金陵山水之间的谢玄晖。

参考书目

［南朝宋］谢灵运著，李运富编注：《谢灵运集》，岳麓书社，1999 年。

［南朝宋］刘义庆著，［南朝梁］刘孝标注，余嘉锡笺疏，周祖谟、余淑宜、周士琦整理：《世说新语笺疏》，第 2 版，中华书局，2007 年。

［南朝宋］刘义庆撰，［南朝梁］刘孝标注，朱碧莲详解：《世说新语详解》，上海古籍出版社，2013 年。

［南朝宋］谢灵运著，李运富编注：《谢灵运集》，岳麓书社，1999 年。

［南朝齐］谢朓撰，曹融南校注：《谢朓集校注》，中华书局，2019 年。

［南朝梁］沈约：《宋书》，中华书局，1974 年。

［南朝梁］萧子显：《南齐书》，中华书局，1972 年。

［南朝梁］钟嵘撰，古直笺：《诗品》，上海古籍出版社，2007 年。

［唐］李延寿：《南史》，中华书局，1975 年。

［唐］魏征：《隋书》，中华书局，1973 年。

［唐］房玄龄等：《晋书》，中华书局，1974 年。

［宋］李昉等：《太平广记》，中华书局，1961 年。

［宋］王安石著，王水照主编：《王安石全集》，复旦大学出版社，2016 年。

［宋］张敦颐：《六朝事迹编类》，南京出版社，2007 年。

［宋］李焘：《六朝通鉴博议》，南京出版社，2007 年。

［宋］司马光：《资治通鉴》卷第一百一十一《晋纪三十三》，中华书局，1956 年。

［明］顾起元撰：《客座赘语》，上海古籍出版社，2012 年。

［清］严可均：《全上古三代秦汉三国六朝文》，中华书局，1958 年。

鲁迅：《古小说钩沉》，齐鲁书社，1997年。

郁贤皓选注：《李白选集》，上海古籍出版社，1990年。

田余庆：《东晋门阀政治》，北京大学出版社，1989年。

陈寅恪述，万绳楠整理：《魏晋南北朝史讲演录》，贵州人民出版社，2012年。

程千帆、沈祖棻注评：《古诗今选》，凤凰出版社，2010年。

胡阿祥、王景福：《谢朓传》，凤凰出版社，2019年。

林文月：《谢灵运》，生活·读书·新知三联书店，2014年。

党圣元编著：《六朝诗选》，商务印书馆，2018年。

"南京大学六朝研究所书系"已出图书

一、甲种专著

1.《东晋南朝侨州郡县与侨流人口研究》(修订本),胡阿祥著,江苏人民出版社 2019 年 10 月版,"甲种专著"第壹号;

2.《中古丧葬礼俗中佛教因素演进的考古学研究》,吴桂兵著,科学出版社 2019 年 12 月版,"甲种专著"第贰号;

3.《六朝的城市与社会》(增订本),刘淑芬著,南京大学出版社 2021 年 1 月版,"甲种专著"第叁号;

4.《探寻臧质城——刘宋盱眙保卫战史地考实》,钟海平著,南京大学出版社 2022 年 3 月版,"甲种专著"第伍号。

二、乙种论集

1.《"都城圈"与"都城圈社会"研究文集——以六朝建康为中心》,张学锋编,南京大学出版社 2021 年 1 月版,"乙种论集"第壹号;

2.《六朝史丛札》,楼劲著,南京大学出版社 2022 年 3 月版,"乙种论集"第叁号。

三、丙种译丛

1.《中古中国的荫护与社群:公元 400—600 年的襄阳城》,[美]戚安道著,毕云译,南京大学出版社 2021 年 1 月版,"丙种译丛"第壹号;

2.《从文物考古透视六朝社会》,[德]安然著,周胤等译,南京大学出版社 2021 年 1 月版,"丙种译丛"第贰号;

3.《汉唐时期岭南的铜鼓人群与文化》,[新西兰]龚雅华著,魏美强译,南京大学出版社 2023 年 6 月版,"丙种译丛"第肆号。

四、丁种资料

1.《建康实录》,[唐]许嵩撰,张学锋、陆帅整理,南京出版社 2019 年 10 月版,"丁种资料"第壹号。

五、戊种公共史学

1.《"胡"说六朝》,胡阿祥著,江苏人民出版社 2019 年 6 月版,"戊种公共史学"第壹号;

2.《谢朓传》,胡阿祥、王景福著,凤凰出版社 2019 年 12 月版,"戊种公共史学"第贰号;

3.《王谢风流：乌衣巷口夕阳斜》,白雁著,南京大学出版社 2023 年 6 月版,"戊种公共史学"第叁号。